FINGERSTYLE EN LA GUITARRA BLUES

Domina el fingerpicking y los solos en la guitarra acústica del blues

JOSEPH **ALEXANDER**

FUNDAMENTAL**CHANGES**

Fingerstyle en la guitarra blues

Domina el fingerpicking y los solos en la guitarra acústica del blues

ISBN: 978-1-910403-92-1

Publicado por **www.fundamental-changes.com**

Traducido por: E. Gustavo Bustos

www.fundamental-changes.com

FB: FundamentalChangesInGuitar

Instagram: FundamentalChanges

Para ver más de 350 lecciones de guitarra gratuitas con videos visita

www.fundamental-changes.com

Contents

Introducción

El blues está en las raíces de toda la música de rock, pop y jazz modernos, y se popularizó en la guitarra a comienzos del siglo XX. Algunos artistas notables que popularizaron la guitarra blues en sus inicios fueron "Mississippi" Fred McDowell, Lead Belly, Blind Lemon Jefferson, Blind Blake y Charlie Patton. Estos intérpretes fueron los primeros en registrar y conservar la tradición musical del blues acústico incipiente.

Mientras que la música de estos intérpretes variaba, había ciertas cosas que unían sus estilos y enfoques. El primer y más evidente factor era que entrelazaban elaboradamente acordes, líneas de bajo y una sola línea solos hasta formar una pieza cohesiva de música. A menudo puede sonar como si dos, o incluso tres guitarras estuvieran tocando al mismo tiempo. Encima de esta compleja textura instrumental, las voces de estos músicos de blues hicieron uso potente de los microtonos y las notas "de blues" para exprimir hasta la última gota de emoción de las melodías y el contenido de las letras, el cual estaba profundamente arraigado en la vida cotidiana, la pérdida, la esclavitud y la emancipación. Por la década de 1920, cuando las grabaciones de estos artistas comenzaron a encontrar su popularidad, seguía siendo discutible si la libertad era en verdad una realidad tangible después de la emancipación de 1863.

Como guitarristas solistas modernos, aprender a tocar la guitarra de blues acústico en este estilo incipiente tiene grandes beneficios. Entre estos, no es menos importante la posibilidad de acompañarnos a nosotros mismos cuando no hay una banda o pista de acompañamiento que nos ayude. Como joven intérprete de guitarra eléctrica y cantante terrible, yo siempre me quedaba sin nada que tocar cuando la gente me pedía demostrar mis supuestos "talentos". Rasguear los acordes de las canciones de Oasis te va a llevar sólo hasta cierto punto si no puedes cantar la melodía, y yo siempre necesité una pista de acompañamiento y un amplificador de potencia para demostrar los solos de guitarra rock en los que trabajaba sin cesar.

Con el tiempo, gravité hacia el blues acústico y la melodía de los acordes de jazz, ya que significaba que podría simplemente tomar una guitarra y tocar acordes, bajo y línea de solo, todo al mismo tiempo. ¡No se requería cantar! Era como ser mi propia banda y pista de acompañamiento.

Emular el estilo de los inicios del blues acústico puede ser difícil, pues los guitarristas modernos tienden a ser demasiado dependientes de la púa (plectro) al tocar la guitarra. El corazón del blues acústico es la independencia entre el pulgar (o púa) y el resto de los dedos; y el desarrollo de esta técnica es el núcleo de este libro.

Fingerstyle en la guitarra blues se divide en dos partes que te guían a través de las técnicas rudimentarias, los conceptos y ejercicios, y te convertirán en un excelente guitarrista de blues acústico.

La *Primera parte* se centra en la construcción de tus solos de blues acústico y en su combinación con una línea de bajo constante. Puede parecer contrario a la intuición comenzar aquí en vez de con progresiones de acordes, pero la técnica requerida para mezclar líneas de bajo y melodías a menudo requiere de mucha concentración y práctica. El trabajo realizado en esta sección te ayudará a crear rápidamente las técnicas de acordes más complicadas de la *Segunda parte*.

En la *Primera parte*, partimos de los fundamentos básicos y el dominio de los rudimentos del blues acústico: coordinación, ritmo, escalas, técnica, articulación y, por supuesto, mantener una línea de bajo constante. Cada aspecto de la interpretación se introduce de manera lógica y musical. Los primeros ejercicios pueden parecer básicos y aburridos, pero estos fundamentos rápidamente se convierten en algo sólido y musical. Incluso si parece un poco obvio, cada ejercicio está diseñado cuidadosamente para desarrollar control e independencia en tu interpretación.

Después de trabajar con la *Primera parte*, vas a ser competente y musical al combinar líneas de bajo y licks de guitarra blues.

La *Segunda parte* de este libro se adentra profundamente en el otro lado del fingerstyle en guitarra blues; los acordes. En esta sección, aprenderás a tocar progresiones, turnarounds, voicings de acordes y patrones de punteo esenciales, mientras que todo el tiempo combinas estas técnicas con líneas de bajo alternantes y caminantes.

Mediante la combinación de las ideas en las dos partes de *Fingerstyle en la guitarra blues*, rápidamente te convertirás en un experto en improvisar, tocar y escribir blues acústico con sonido auténtico.

Aprender a tocar este estilo de música fue un gran reto para mí, ya que la técnica y el enfoque eran completamente diferentes a todo lo que había tocado antes. Incluso tener un comienzo temprano en la guitarra clásica no ayudó porque el movimiento del pulgar en el fingerstyle de blues era muy diferente del enfoque clásico. La solución que encontré fue proceder con *extrema* lentitud y entrenar a mis dedos para tocar lo que yo quería, y *sólo* lo que yo quería. Es fácil perder la atención y permitir que los dedos comiencen a dictar la música. Al principio tienes que trabajar muy lentamente y ser increíblemente meticuloso con cada una de las notas. Esta es la única forma real para desarrollar la independencia necesaria en tus dedos.

Dicho esto, si perseveras, descubrirás rápidamente que el blues acústico es una manera increíblemente divertida, gratificante e impresionante de ser expresivo en la guitarra. Este estilo de interpretación realmente te va a diferenciar de otros guitarristas y te ayudará a desarrollar un enfoque único hacia la música que te dará toda una vida de placer.

Disfruta del viaje y que te diviertas.

Joseph

Obtén el audio

Los archivos de audio de este libro se pueden descargar de forma gratuita en **www.fundamental-changes.com** y el enlace se encuentra en la esquina superior derecha. Sólo tienes que seleccionar el título de este libro en el menú desplegable y seguir las instrucciones para obtener el audio.

Te recomendamos descargar los archivos directamente a tu computador, no a tu tableta y extraerlos allí antes de añadirlos a tu biblioteca multimedia. Luego, ya puedes ponerlos en tu tableta, iPod o grabarlos en un CD. En la página de descarga hay un archivo de ayuda en PDF y también ofrecemos soporte técnico a través del formulario en la página de descargas.

Kindle / eReaders

Para sacarle el mayor provecho a este libro, recuerda que puedes pulsar dos veces cada imagen para verla más grande. Apaga la "visualización en columna" y mantén tu Kindle en modo horizontal..

Para ver más de 200 lecciones de guitarra gratuitas con videos visita:

www.fundamental-changes.com

Twitter: @guitar_joseph

FB: FundamentalChangesInGuitar

Instagram: FundamentalChanges

Primera parte: Independencia de los dedos y solos

En esta sección, vas a construir la independencia de los dedos y el control que es esencial para la interpretación del fingerstyle en la guitarra blues, pero en lugar de aprender un montón de ejercicios técnicos aburridos, estas habilidades se enseñan a través de un vocabulario musical utilizable y divertido.

Esta sección cubre:

- Ejercicios rudimentarios

- Habilidades de independencia de los dedos

- Escalas esenciales

- Notas de bajo con pedal

- Técnicas expresivas

- Bends

- Deslizamientos

- Doble cuerda (Double Stop)

- Ligados ascendentes (Hammer-ons)

- Ligados descendentes (Pull-offs)

- Vibrato

- Síncopa con corcheas y semicorcheas

- Sensación directa y de tresillo

- Licks sobre diferentes acordes

El dominio de estas habilidades en la primera sección hará que los retos de la interpretación rítmica de la segunda sección sean mucho más fáciles. Por supuesto, puedes sumergirte directamente en la segunda sección siempre que lo desees, pero recomiendo que primero pases algún tiempo aquí desarrollando tus habilidades y control, mientras a la vez aprendes algunos licks interesantes y música de verdad.

Capítulo 1: Rudimentos e independencia de los dedos

La técnica más importante que hay que dominar en el fingerstyle de la guitarra acústica de blues es la independencia entre el pulgar y el resto de los dedos de la mano que puntea, y entre las partes del bajo y de la melodía en la mano del diapasón.

Los ejercicios de este capítulo te ayudarán a desarrollar este tipo de control intrincado gradualmente. No será la interpretación más musical que harás en tu vida, pero prometo que va a ayudar a que tus habilidades se desarrollen mucho más rápidamente a lo largo del resto del libro.

En la mano que puntea, necesitas tomar una decisión sobre si vas a utilizar el pulgar para encargarte de las notas graves o si vas a usar un punteo *híbrido*. El punteo híbrido es una técnica en la que, normalmente, se mantiene la púa (plectro), entre el pulgar y el índice, y se usan los dedos restantes para puntear las notas en las cuerdas más altas.

Ninguna de estas técnicas es mejor que la otra; sin embargo usar el dedo pulgar es probablemente más auténtico del estilo. No obstante, el punteo híbrido crea un tono mucho más destacado en el bajo, así que toca un poco y decide qué sonido te gusta, una vez que hayas dominado algunos ejercicios y licks.

El primer ejemplo es muy simple. La idea es usar el pulgar de la mano que puntea para tocar la nota E como negras y mantener el tiempo durante unos pocos compases. Intenta apoyar el talón de la mano que puntea suavemente sobre la cuerda E grave para crear un efecto de silenciado. Iremos añadiendo gradualmente más técnicas contra esta línea de bajo. Utiliza el pulgar para tocar la siguiente figura.

La regla número uno e irrevocable a través de cada ejemplo en este libro es *marcar el ritmo con el pie*. De esta manera, el pie siempre se sincronizará con un punteo del pulgar en la cuerda grave. El movimiento físico de tocar con tu pie mantendrá a todo tu cuerpo dentro del tiempo y permitirá que sientas en dónde debe estar cada punteo del bajo, liberando tu mente para pensar en la melodía. Esta habilidad puede llevar tiempo, pero debería ser tu máxima prioridad.

Ejemplo 1a:

Si eres nuevo en este estilo es posible que incluso esto te resulte desafiante al principio. Sigue con este ejercicio hasta que te sientas relajado y cómodo. Concéntrate en tu respiración y mira a tu alrededor a medida que escuchas el sonido de la nota. No olvides marcar con el pie.

A continuación, vamos a añadir una nota melódica E repetitiva, que también se toca en negras. Yo uso mi dedo anular para esta nota, pero deberías hacer pruebas usando diferentes dedos.

Ejemplo 1b:

Trata de repetir el ejemplo anterior pero ahora alternando entre el uso de tu dedo anular y corazón para cada punteo en la cuerda E alta. Esto puede parecer extraño al principio, pero trata de relajarte al hacerlo. A medida que vayas ganando confianza, cambia tu atención hacia tu respiración mientras escuchas tu interpretación. ¿Estás dentro del tiempo?

Ahora vamos a tocar dos corcheas por cada nota del bajo. Alterna entre el uso de tu dedo anular y corazón para las notas altas antes de intentar utilizar un solo dedo.

Ejemplo 1c:

Utiliza un metrónomo para acelerar gradualmente el ejemplo 1c hasta llegar cerca de los 100 bpm (golpes por minuto). Intenta grabar tu interpretación con el metrónomo y escucha para ver si estás dentro del tiempo.

A continuación vamos a aprender a sentir los tresillos de corchea. El siguiente ejemplo muestra tres notas melódicas por cada nota del bajo. Utiliza tus dedos anular y corazón para tocar las notas de la melodía antes de introducir el dedo índice y tocar la melodía con el anular, corazón e índice (R, M e I). Trata de usar también esta secuencia de dedos a la inversa. Concéntrate en tocar dentro del tiempo y relajarte con esta sensación. No olvides silenciar ligeramente las cuerdas graves para ayudar a diferenciar entre la línea de bajo constante y las notas de la melodía.

Ejemplo 1d:

Antes de añadir una melodía más interesante, toca el siguiente ejemplo con cuatro notas melódicas por pulso. Asegúrate de que tu pulgar esté consistentemente a tiempo con cada clic. Comienza usando los dedos corazón e índice en las notas altas, pero experimenta con dedos individuales y otras combinaciones tanto como sea posible.

Ejemplo 1e:

Los siguientes ejemplos combinan algunos de los ritmos anteriores. Trabájalos y aumenta gradualmente la velocidad de cada ejercicio usando un metrónomo. Es bueno aumentar la velocidad del metrónomo en incrementos de aproximadamente 8 bpm.

Ejemplo 1f:

Ejemplo 1g:

Ahora podemos empezar a tocar más de un tono para la melodía. Aunque este ejemplo puede parecer simple en el papel, puede comenzar a extender tu coordinación. Presta atención a la digitación de la mano que puntea. Los dedos corazón y anular (M y R) son sólo una sugerencia, pero cualquiera que sea la digitación que elijas, asegúrate de alternar los dedos al tocar dos notas en la misma cuerda.

Deberías ser capaz de escuchar ahora cómo estos ejercicios rudimentarios te están llevando a tocar auténticas frases de blues.

Ejemplo 1h:

Este ejemplo utiliza notas que se mueven a través de dos cuerdas. Al cambiar de cuerdas está bien puntear con el mismo dedo dos veces.

Ejemplo 1i:

Aquí ves una idea similar que utiliza una sensación de tresillo. Experimenta usando diferentes pares de dedos en la mano que puntea. Es posible que encuentres que el corazón y el índice son bastante cómodos, y que el corazón y el anular requieren algo de trabajo. El desarrollo de la libertad en la mano que puntea es un objetivo importante, así que persevera con estos ejercicios si encuentras desafíos con algunas combinaciones en particular. Cualesquiera que sean los dedos que decidas utilizar, siempre altérnalos durante estos ejercicios y evita el uso del mismo dedo dos veces seguidas cuando toques en la misma cuerda.

Ejemplo 1j:

Graba tu interpretación y comprueba si estás dentro del tiempo. A medida que adquieras confianza, acelera gradualmente el metrónomo. 50 bpm son un buen punto de partida y deberías tratar de llegar hasta los 100 bpm paulatinamente durante un período de algunas semanas.

En el siguiente ejemplo, he introducido una figura de nota de bajo común que se llama *bajo alternante*. Utiliza el pulgar de la mano que puntea para puntear las dos notas graves y pulsa la nota en el traste en la 5ta cuerda (nota B) con tu segundo dedo. Recuerda que debes apoyar suavemente el talón de la mano que puntea sobre las cuerdas graves para mantenerlas ligeramente silenciadas.

Ejemplo 1k:

Ahora vamos a combinar una melodía con el patrón de nota de bajo.

Ejemplo 1l:

Aquí hay una idea similar con una melodía un poco más difícil. Usa tu dedo meñique para tocar las notas de la melodía en los trastes y enfócate en mantener la línea del bajo fluida y dentro del tiempo.

Ejemplo 1m:

Este ejemplo se basa en el ejemplo 1m pero añade algunas notas rápidas. Mantén el bajo uniforme y constante.

Ejemplo 1n:

Toca el ejemplo 1m de nuevo, pero esta vez, mantén pulsado un acorde E mayor o un acorde E7. A pesar de que no estés tocando ninguna de las notas del acorde que estás pulsando, es esencial aprender a mantener acordes a la vez que añades melodías. Mira si puedes encontrar la manera de tocar el ejemplo 1n mientras mantienes pulsado un acorde. Un pequeño ajuste es necesario mientras tocas la melodía.

Trata de variar la melodía en el ejemplo 1m si puedes. La parte más importante de los ejercicios es mantener la línea del bajo constante y dentro del tiempo mientras se utiliza el pulgar.

El siguiente ejemplo se mueve entre dos acordes; E mayor y A mayor. Comienza a tocar el ejemplo sin mantener pulsados los acordes, pero cuando ganes confianza mantén pulsados los acordes completos a medida que toques el ejemplo.

Ejemplo 1o:

Ahora, aquí hay una idea similar, pero la melodía esta vez es un poco más compleja. Observa el silencio de corchea en el primer pulso que ayuda a separar la melodía de la línea de bajo.

Ejemplo 1p:

Lo más difícil en el ejemplo 1p es mantener el control de la línea de bajo. Observa que se tocan dos notas consecutivamente en la cuerda A. Vamos a ver con mucho más detalle las líneas de bajo más adelante, pero por ahora echa un vistazo al siguiente ejemplo. La melodía es la misma que antes, pero ahora he añadido otra nota en la parte del bajo. Utiliza el segundo dedo para trastear la nota G grave.

Ejemplo 1q:

Los siguientes ejercicios son más similares a los licks tradicionales, pero te ayudan a construir la independencia entre tu pulgar y los dedos que puntean. He simplificado la línea del bajo para ayudar a que te acostumbres a estos nuevos ritmos.

Puede que quieras comenzar sacando por separado la parte de la melodía e introduciendo la línea de bajo cuando te sientas cómodo. Como siempre, lo importante es concentrarse en la nota del bajo constante en cada pulso. Grábate si no estás seguro de que estás logrando mantener el bajo constante.

Escucha el ejemplo de audio para ayudarte a obtener la sensación de estas frases.

Los archivos de audio para este libro están disponibles en **www.fundamental-changes.com**.

Ejemplo 1r:

Ejemplo 1s:

Los dos ejemplos siguientes incluyen notas melódicas en pulsos inacentuados contra una línea de bajo alternante.

Ejemplo 1t:

Ejemplo 1u:

Los siguientes ejemplos reintroducen a los tresillos y algunas de sus subdivisiones más rápidas y las combinan con una línea de bajo alternante. Comienza tocando los ejemplos *sin* mantener pulsados los acordes de la notación para que puedas tener una idea de la música. Cuando empieces a ganar confianza pulsa un acorde E7 completo y descubre cómo tu digitación tiene que cambiar para tocar la misma línea.

Ejemplo 1v:

Ejemplo 1w:

A medida que te sientas más cómodo con estas ideas, deberías empezar a experimentar cambiando el orden de las notas de la melodía y explorando nuevas ideas melódicas. Todas las notas utilizadas hasta ahora provienen de la escala de E pentatónica menor, que probablemente ya conoces. Nos ocuparemos de esta escala con mucho más detalle en el siguiente capítulo cuando, construyamos nuestras habilidades solistas.

Es esencial que mantengas tu pie marcando el pulso y te concentres en asegurarte de que tu pulgar se mantiene dentro del tiempo, ya sea que toques una única nota en la línea de bajo o que uses de la técnica de bajo alternante.

Cualquiera de las ideas anteriores se puede adaptar para tocarse sobre la línea del bajo de E mayor a A mayor que estudiamos en el ejemplo 1p así que, de nuevo, vale la pena experimentar con melodías sobre estas líneas de bajo.

Un consejo que tomé de Joe Pass hace mucho tiempo fue que *la línea de bajo debe ser siempre tu mayor preocupación*. El bajo proporciona una base rítmica para el oyente y "delimita" cada nota melódica que se toca. Si el bajo empieza a ser inestable, luego toda la estructura se derrumbará rápidamente. Para construir una línea de bajo fuerte y consistente, practica muy lentamente y piensa en cómo cualquier nota del bajo en los trastes necesita coordinarse con la frase melódica. Aumenta la velocidad poco a poco y encontrarás que los dedos comienzan a moverse juntos de manera natural.

Este primer capítulo ha sido realmente acerca de la *programación* de tus dedos y el desarrollo de la coordinación. La velocidad es un asunto distante, así que siempre asegúrate de que tu cabeza esté en control de lo que estás tocando, y no tus manos.

En el siguiente capítulo, exploramos las ideas específicas para solos y trazamos algunas formas de escalas importantes que deberías saber.

Capítulo 2: Introducción a las escalas y los solos

Puede que hayas notado que en el capítulo anterior la mayor parte de las frases melódicas se basaban en sólo unas pocas notas. Todas estas notas estaban contenidas en la escala de *E pentatónica menor*. Las notas de esta escala se pueden tocar en dos posiciones diferentes hacia la parte de atrás de la guitarra.

La primera posición de la escala de E pentatónica menor utiliza cuerdas abiertas.

Ejemplo 2a:

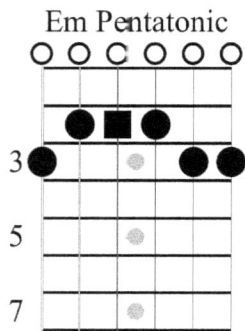

Como la mayoría de las veces estaremos ocupados en las cuerdas graves, las tres o cuatro cuerdas más altas de esta escala serán de gran utilidad cuando toquemos un solo. Intenta tocar la escala de nuevo, pero esta vez añade una línea de bajo con negras en la cuerda E grave.

Ejemplo 2b:

Vamos a empezar examinando algunos licks útiles que utilizan esta forma de escala y veremos cómo podemos utilizar adornos y técnicas para pasar de tocar escalas aburridas a tocar *frases* interesantes y musicales. Cada ejemplo se toca como un "lick" aislado y después se toca con una línea de bajo con negras.

Como nota al margen, es importante recordar que la música no proviene de las escalas. Las escalas provienen de la música. En el principio sólo había melodía, no fue hasta más tarde que los musicólogos llegaron y organizaron estas bellas melodías salvajes en grupos de notas dóciles llamadas escalas, que luego pudieron ser "formalizadas" y enseñadas a los demás. Si bien las escalas son una forma conveniente para comunicar una idea, no te quedes atascado pensando que estas son las únicas notas que puedes tocar.

Bends

El primer lick de esta sección presenta el concepto del bend en el blues o *rizo*. El rizo es un pequeño bend microtonal (menos de un semitono) en una nota para darle mayor expresión musical y poder. Se pueden tocar en cualquier lugar, pero son mucho más comunes en ciertos tonos. Los bends se pueden tocar lentamente o rápidamente y pueden ser manipulados mientras están sonando. Escucha con atención las pistas de audio proporcionadas y copia cuidadosamente el fraseo de cada bend. Observa que este rizo no vuelve a su tono original, en cambio la melodía salta directamente a la cuerda al aire

Ejemplo 2c:

El siguiente ejemplo presenta un tipo diferente de bend y también un *ligado descendente* (pull-off). Veremos los ligados descendentes más detalladamente después, así que vamos a centrarnos en el bend por el momento. El bend en la 3ra cuerda es una agudización muy rápida de la nota A, antes de regresar inmediatamente al tono original. Luego se aplica un ligado descendente a la nota alcanzando la 3ra cuerda al aire (G). Escucha con atención cómo se toca este lick en la pista de audio.

Ejemplo 2d:

El ejemplo 2e combina los dos bends anteriores en una frase.

Ejemplo 2e:

El siguiente lick utiliza el mismo bend en la primera cuerda (E), pero el bend es mucho más lento y dura un pulso completo.

Ejemplo 2f:

El siguiente ejemplo muestra cómo se pueden utilizar los bends de diferentes longitudes en la misma nota para desarrollar un lick a partir de sólo unas pocas notas.

Se aplica un bend a la nota A por un tono completo hasta el 5to de la escala (B) dos veces. La primera vez el bend se toca rápidamente y la segunda vez el bend se completa en 2 pulsos. Utiliza el segundo dedo para hacer el bend en la cuerda G y dale apoyo tocando el primer dedo detrás de él en la cuerda. Los bends así de bajos en la guitarra llevan un buen tiempo de práctica y paciencia para poder dominarlos, ya que puede que necesites desarrollar más fuerza.

¡No olvides la última nota del bajo en el segundo compás!

Ejemplo 2g:

El siguiente bend que debes dominar es el *prebend*. Los prebends pueden ser bastante complicados al principio, especialmente cuando se combinan con la línea de bajo con negras.

La idea cuando se hace un prebend (como su nombre lo sugiere) es hacer el bend hasta el tono deseado antes de puntear. Se necesitará tiempo para dominar esta habilidad, ya que no tienes ninguna referencia sonora para saber hasta qué punto llevar el bend. Sigue practicando y comenzarás a sentir hasta qué punto tienes que hacer el bend en la cuerda para apuntarle al tono correcto.

En el siguiente ejemplo, se aplica un bend en la nota D hasta la fundamental (E) antes de puntear. Una vez más, dale apoyo al bend con los dedos restantes y escucha cuidadosamente el tono al momento de puntear la nota. Sabrás rápidamente si no es correcto.

Ejemplo 2h:

Al tocar cualquier tipo de lick de guitarra blues, es normal aplicar una pequeña cantidad de bend a las notas todo el tiempo, incluso cuando el bend no está en la notación. Mediante la adición de rizos y otras pequeñas manipulaciones a cada nota, los guitarristas pueden añadir una enorme cantidad de expresión a sus frases. Si escuchas con atención cualquier buen solo de guitarra blues, oirás que casi todas las notas tienen algún tipo de bend, deslizamiento, vibrato u otra técnica sutil añadida para crear una línea más vocal y fluida que imita la voz humana.

Jeff Beck es uno de estos maestros de la manipulación sutil de las notas, y deberías escuchar cualquiera de sus trabajos para oír el uso musical y de buen gusto de cualquier técnica de este libro.

En la siguiente sección vamos a explorar notas un poco más altas en el diapasón e introducir deslizamientos en nuestra interpretación sin dejar de aprender vocabulario y técnica de guitarra blues acústica.

Solos en segunda posición, deslizamientos y doble cuerda

Ahora vamos a movernos un poco hacia arriba en el diapasón y explorar la segunda posición de la escala de E pentatónica menor. Se puede tocar en la guitarra de la siguiente manera.

Ejemplo 2i:

Em Pentatonic

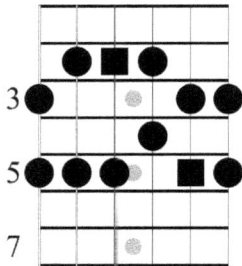

Memoriza este patrón tocando la escala completa lentamente con un metrónomo, y aumentando gradualmente la velocidad. Una vez que se te sientas con confianza, toca las notas en las cuatro cuerdas más altas, mientras mantienes una nota E grave constante.

Ejemplo 2j:

Hay algunas notas muy útiles en esta escala a las cuales se les puede aplicar bend, y éstas se muestran en el siguiente lick. Recuerda que debes experimentar con qué rapidez y hasta qué punto aplicar bend a cada nota.

Ejemplo 2k:

Ejemplo 2l:

El bend en el siguiente ejemplo será bastante difícil al principio, ya que tienes que aplicar bend de un tono y medio desde la nota fundamental (E) hasta la b3 (G). De hecho, si estás tocando una guitarra acústica, deberías evitar este ejemplo. Utiliza el tercer dedo para aplicar bend a la nota y apóyalo colocando los dedos primero y segundo detrás de él en la cuerda.

Observa también que el bend es *ahogado* por un silenciamiento (palm mute) con la mano que puntea. No es necesario preocuparse por esto al principio, pero es una gran técnica que podrás agregar cuando desarrolles un poco de confianza con el bend.

Como siempre, debes dominar el lick del primer compás antes de añadir las notas graves en el segundo compás.

Ejemplo 2m:

Como se puede ver y escuchar en el ejemplo 2k, he incluido en la notación un *deslizamiento* hacia la nota final del compás (E). Los deslizamientos se pueden tocar de dos maneras principales.

En primer lugar, una nota que se desliza hacia otra puede no tener valor rítmico. Estos deslizamientos se llaman *glissandos* (*gliss*) y crean un efecto vocal humano que mejora la melodía. Normalmente no importa dónde comienzan estos deslizamientos, siempre y cuando se llegue al tono "objetivo" dentro del tiempo correcto. Sin embargo, hacer un deslizamiento corto hacia una nota "objetivo" crea una sensación diferente que si se hiciera uno largo.

Usa los glissandos de la notación para embellecer las melodías en las siguientes frases. Escucha los ejemplos de audio para oír la forma en que se deben tocar. Comienza con un deslizamiento desde el tono indicado (entre paréntesis) pero, a medida que tus habilidades se desarrollen, trata de deslizar desde distancias más largas o más cortas, y trata de variar la velocidad a la que deslizas. Sin embargo, necesitas tener cuidado para llegar a la nota objetivo en el tiempo correcto.

Ejemplo 2n:

Ejemplo 2o:

El otro tipo de deslizamiento se produce cuando el valor rítmico de la nota de partida se ha completado. Estos deslizamientos son una forma fluida de vincular las notas de una frase o de cambiar de posición en la guitarra.

En los siguientes ejemplos, ten cuidado de mantener cada tono durante toda su duración, y luego deslizarte suave y claramente hacia la nota siguiente. También puedes experimentar volviendo a puntear la nota mientras la deslizas, o deslizándola sin el punteo adicional.

Ejemplo 2p:

Ejemplo 2q:

Compara el ejemplo 2n con el ejemplo 2p. El primer deslizamiento de cada ejemplo parece similar, pero suena muy diferente.

El siguiente ejemplo combina los deslizamientos y las notas de adorno, formando una nueva frase. Ten en cuenta que he escrito un deslizamiento con nota de adorno desde *arriba* del tono objetivo. Puede que te tome un poco de tiempo acostumbrarte a esta técnica, así que aprende por separado el lick del primer compás antes de tocarlo con la línea de bajo con negras.

Ejemplo 2r:

El ejemplo 2r también presenta una técnica llamada *doble cuerda* (double stop), donde dos notas se tocan a la vez. Las dobles cuerdas son un recurso musical extremadamente útil, especialmente al tocar la guitarra sin acompañamiento, ya que nos permiten combinar líneas en solitario con una textura más similar a la de un acorde. Los siguientes ejemplos te muestran cómo incorporar algunas dobles cuerdas importantes a tu interpretación con las dos primeras posiciones pentatónicas menores.

El ejemplo 2s combina deslizamientos con notas de adorno, con un rizo en la cuerda superior para crear una frase que podría ser fácilmente utilizada como un riff de acompañamiento.

Ejemplo 2s:

Usa tu dedo índice para tocar el bend inicial de doble cuerda. Cuando no se especifica un punto de partida para un deslizamiento se puede experimentar con el lugar desde donde comenzar el movimiento. Utiliza los dedos segundo y tercero para deslizarte hacia la doble cuerda en el cuarto tiempo. Este lick contiene una nota que no está en la escala de E pentatónica menor (C#), a la cual se le aplica bend hacia el D en la segunda cuerda.

Ejemplo 2t:

El ejemplo 2u puede ser un poco difícil al principio. Hay que tocar un rizo en el G alto (pulso dos) mientras se deja sonar la segunda cuerda al aire (B). Aplicando solamente una pequeña cantidad de bend al G alto vas a crear un auténtico sonido de blues y evitarás silenciar la cuerda B por accidente.

Ejemplo 2u:

En el ejemplo 2v, una doble cuerda con deslizamiento es seguida por un ligado descendente hacia las cuerdas abiertas. Una vez más, experimenta con el deslizamiento hacia el pulso cuatro. Yo sugeriría que un deslizamiento de un traste es un buen punto de partida. El deslizamiento en el pulso dos es bastante rápido, así que escucha el ejemplo de audio para oír cómo debe sonar este lick. Asegúrate de tocar por separado el lick del compás uno antes de introducir el patrón de bajo con negras del compás dos.

Ejemplo 2v:

Vamos a explorar las partes de más arriba del diapasón después, pero el siguiente ejemplo muestra cómo se puede utilizar la misma idea en dos lugares de la guitarra. Usa tus dedos índice y corazón para tocar estas dobles cuerdas, y dale un ligero rizo a la nota de la cuerda inferior. Asegúrate de no aplicar accidentalmente el bend a la nota en la cuerda de arriba también. El bend en el 8vo traste es una idea muy común en la guitarra de blues acústico y se ha tocado por casi todos los guitarristas de este estilo. Es conocido cariñosamente como un bend de *silbato de tren*.

Ejemplo 2w:

El siguiente bend de doble cuerda es todo un reto, y es probable que te tome un poco de tiempo desarrollar la fuerza y el control necesarios para ejecutarlo correctamente. Pulsa la segunda cuerda con tu dedo anular y utiliza tu dedo corazón para tocar un ligero bend en la tercera cuerda.

Esta es una frase muy corta y aislada pero, según avance tu fluidez, empezarás a combinarla fácilmente con otros licks de cuerda al aire para llenar el resto del compás.

Ejemplo 2x:

El siguiente ejemplo combina un bend de doble cuerda con un tono de *pedal* sostenido en la cuerda superior. Un tono de pedal normalmente es una nota repetida en el bajo (como la que estás tocando en la sexta cuerda al aire), pero las notas de pedal también pueden estar por encima de la melodía en movimiento.

Mantén la nota superior (G) constante con tu dedo anular mientras tocas los bends en la tercera cuerda con tu dedo corazón. En tu mano de puntear, trata de usar tus dedos anular e índice para tocar las dobles cuerdas.

Ejemplo 2y:

Cualquier nota en la guitarra puede ser fácilmente tocada una octava más alta al tocarla doce trastes más arriba. En otras palabras, las notas de cuerda al aire de la guitarra se repiten en el traste 12. La primera posición de la escala de E pentatónica menor puede, por lo tanto, ser tocada sin cuerdas al aire y una octava más alta de la siguiente manera:

Em Pentatonic

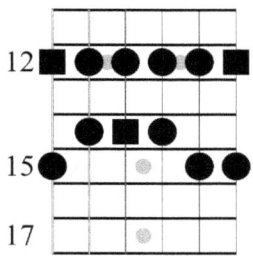

Observa que esta forma es idéntica a la primera posición de la escala pentatónica menor, pero no utiliza ninguna cuerda al aire.

Esto significa que podemos mover cualquiera de nuestros licks de blues de cuerda al aire por doce trastes, y luego tocar la línea una octava más alta siempre que estemos dispuestos a modificar la digitación.

Por ejemplo, podríamos fácilmente mover el ejemplo 2t una octava hacia arriba y tocar de la manera siguiente:

Ejemplo 2z:

Nota cómo el primer E abierto ahora se toca en el traste 12 de la primera cuerda, pero tuve que modificar la digitación del segundo E abierto en el traste 17 para que sea más fácil de alcanzar.

Te animo a experimentar con la primera posición de la escala de E pentatónica menor tocada en el traste 12. Esta es la forma de escala más utilizada por los guitarristas y también se puede mover como un acorde con cejilla. Cualquier lick se puede trasponer fácilmente hacia adelante o atrás en el diapasón de la guitarra en diferentes tonalidades con sólo mover la forma de escala a una nueva ubicación.

Por ejemplo, se puede tocar una escala de A pentatónica menor de la siguiente manera:

A Minor
Pentatonic

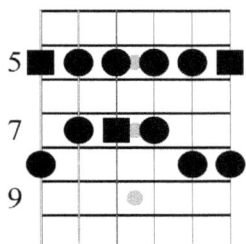

La nota fundamental (A) se puede tocar en la cuerda A abierta, por lo que es fácil mover todos los licks en la primera posición hacia la tonalidad de A menor.

Capítulo 3: Legato y vibrato

Hemos tratado brevemente los *ligados descendentes* en el capítulo anterior, pero ahora veremos con más detalle esta importante técnica y también presentaremos los *ligados ascendentes*.

Los ligados ascendentes y descendentes se clasifican ambos como técnicas de *legato* en la guitarra. Aunque legato es en realidad la palabra italiana para liso y fluido, ¡es posible profundizar en ambas técnicas para que no suenen "lisas" en absoluto!

Para realizar un ligado descendente, puntea la primera nota pulsada de forma normal y luego, sin volver a puntear la nota, mueve firmemente el dedo que está en el traste en dirección al suelo para que suene una nota de más abajo. Los ligados descendentes se pueden tocar sobre notas pulsadas en trastes anteriores o sobre cuerdas al aire, como se verá en los siguientes ejemplos. Considera al dedo sobre el traste como una púa adicional (plectro).

Toca por separado los ejercicios del primer compás de cada ejemplo antes de añadir el bajo con tu dedo pulgar. Primero apúntale a hacer que los ligados descendentes suenen tan fuerte como sea posible para aumentar tu fuerza, pero a medida que adquieras confianza trata de hacer que ambas notas en cada par suenen igual de fuerte.

Te darás cuenta de que, cuando se agrega la línea del bajo con negras, la coordinación para hacer ligados descendentes (sobre todo en cuerdas abiertas) desaparecerá ligeramente. Mantén la concentración y toca las notas dentro del tiempo.

Ejemplo 3a:

Aquí hay un ejemplo similar que utiliza la segunda posición de E pentatónica menor.

Ejemplo 3b:

Trabaja para lograr que cada nota sea rítmicamente uniforme. Es fácil apresurarse en estas frases.

El siguiente ejercicio es uno de los más difíciles pero más importantes en este libro, y pondrá a prueba tu coordinación e independencia entre tu mano izquierda y tu mano derecha. Puede ser muy difícil lograr un ligado descendente hacia una nota más baja si ella está sobre el pulso a la vez que se mantiene consistente el bajo con negras con tu dedo pulgar. Esencialmente, estás punteando con tu dedo pulgar mientras haces el ligado descendente con tu mano del diapasón. Normalmente existe un abrumador deseo de repetir la nota de bajo y tocarla en el momento equivocado.

Toca lentamente y con cuidado el siguiente ejemplo, asegurándote de seguir las instrucciones de punteo. Puntea sólo las dos primeras notas antes de hacer el ligado descendente hacia cada nota inferior de cada par y luego puntear la más alta.

Ejemplo 3c:

Aquí hay un ejemplo similar que utiliza la segunda posición de E pentatónica menor.

Ejemplo 3d:

Estos dos ejercicios realmente me ayudaron con la coordinación, fluidez y libertad en el aprendizaje de este estilo.

Los ligados ascendentes son lo contrario a los ligados descendentes, ya que nos movemos de una nota inferior a otra superior "martillando" con un dedo sobre el traste sin puntear la cuerda de nuevo. Los ligados ascendentes pueden ser más difíciles que los ligados descendentes en un principio, porque necesitan más fuerza, control y coordinación para ejecutarse de forma limpia y uniforme.

Para ejecutar un ligado ascendente, puntea la primera nota de forma normal y usa un dedo de la mano del diapasón para "martillar" sobre el traste de más arriba que desees. Sé preciso a fin de no tocar las cuerdas vecinas y asegúrate de que el ritmo entre las dos notas sea tan uniforme como si estuvieras punteando las notas.

Los siguientes ejemplos muestran cómo hacer el ligado ascendente desde cuerdas al aire y notas pulsadas. Escucha con atención el audio para oír cómo se toca de manera uniforme cada par de notas.

Ejemplo 3e:

Ejemplo 3f:

De nuevo, es más delicado tocar un ligado ascendente desde un pulso inacentuado hacia uno acentuado con un bajo constante con notas negras que esté punteado con el dedo pulgar. Sin embargo, la mayoría de la gente encuentra los ligados ascendentes un poco más fáciles que los ligados descendentes. Los dos ejercicios siguientes son un buen comienzo para ayudarte a desarrollar coordinación y fluidez.

Al igual que con los ejemplos 3c y 3d, ten cuidado de seguir las instrucciones de punteo. Sólo puntea las dos primeras notas antes de martillar por primera vez, y luego sólo puntea la primera nota de cada par.

Ejemplo 3g: (Puntea en donde te muestra la notación con cualquier dedo que te sea cómodo).

Ejemplo 3h:

El siguiente ejemplo combina los ligados ascendentes con los descendentes y una nota de bajo normal para ayudarte a moverte entre las diferentes colocaciones rítmicas de las técnicas de legato. Te aconsejo que vayas muy lentamente con estos dos ejercicios y te enfoques mucho en la uniformidad rítmica entre cada nota. Siguiendo las instrucciones de punteo/articulación con cuidado, te darás cuenta de que hay un cambio entre las dos colocaciones rítmicas demostradas anteriormente.

Ejemplo 3i:

Ejemplo 3j:

Trabaja estos ejercicios en la segunda posición, como se muestra en los ejemplos anteriores.

Los ejemplos 3c, 3d, 3g, 3h, 3i y 3j fueron diseñados para construir la coordinación e independencia de tus manos derecha e izquierda. Si puedes dominar estos seis ejercicios, descubrirás que casi cualquier ejemplo futuro, ya sea punteado o con legato, será mucho más fácil de tocar. Tómate unos días o semanas para trabajar en los ejercicios de control de legato anteriores, y poco a poco trata de acelerarlos. Recuerda, sin embargo, que el ritmo constante y el volumen son objetivos mucho más importantes que la velocidad.

A medida que desarrollas tu capacidad con el legato, será momento de utilizar estas técnicas en un nuevo vocabulario de blues y combinarlas con los deslizamientos y los bends que ya hemos visto.

Prueba con los siguientes ejemplos. En primer lugar, toca por separado y memoriza la frase del primer compás antes de añadir la línea del bajo en el segundo.

Ejemplo 3k:

Ejemplo 3l:

Ejemplo 3m:

Ejemplo 3n:

Al igual que sucede con los bends, los ligados ascendentes y descendentes se pueden tocar como notas de adorno. Al tocar estas líneas con la figura de bajo con negras, podría tomar algún tiempo el desarrollar el control para tocar la nota de adorno muy poco antes que la nota de bajo.

Los siguientes ejemplos muestran algunas de las formas comunes de incorporar las ideas de legato con notas de adorno a tus líneas.

Ejemplo 3o:

Ejemplo 3p:

Ejemplo 3q:

Vibrato

El vibrato es la técnica de ondular el tono de una nota mediante la oscilación del dedo que está sobre el traste, después de que la nota haya sido punteada. Es una de las técnicas más expresivas para usar en la guitarra, ya que reproduce la emoción de la voz humana. El vibrato se puede utilizar de diversas maneras diferentes pero, en los comienzos de la guitarra de blues, éste se añadía a los finales de las frases para mejorar el tono y darle *sostenido* a la guitarra de sonido delgado.

El vibrato se crea rotando ligeramente la mano del diapasón, de manera que la primera articulación (nudillo) del primer dedo empuje contra la parte inferior del diapasón. Este contacto crea un pivote que puedes utilizar para mover rápidamente la cuerda de lado a lado. Al realizar un vibrato, los dedos que pulsan la nota elegida deben quedar fijos en su lugar, de modo que sólo la muñeca y la palma se estén moviendo hacia adelante y hacia atrás en la misma dirección que el diapasón de la guitarra.

Comienza por escuchar la diferencia entre la misma frase tocada con y sin vibrato.

Ejemplo 3r:

Como se puede escuchar, la misma frase tocada con vibrato tiene una calidad mucho más vocal y expresiva.

Deberías practicar añadiendo vibrato con los cuatro dedos de la mano del diapasón; por ejemplo, prueba con la misma frase de nuevo, pero deslízate hacia la nota final con tu dedo índice y añade vibrato. Intenta deslizarte con cada dedo a su vez y luego añade vibrato.

Puedes volver a revisar este libro y añadir vibrato a cualquier nota en cada lick. Es particularmente eficaz al final de una frase, pero se puede aplicar en cualquier nota en la frase, especialmente las notas más largas.

Al principio te será un poco difícil mantener el bajo con negras cuando agregues vibrato, especialmente cuando la frase termine en un pulso inacentuado ("&"). Por ejemplo, la siguiente línea termina en la "&" del pulso tres y hay que centrarse en el pulgar que puntea para mantenerlo dentro del tiempo.

Ejemplo 3s:

También debes experimentar retrasando el momento en que empiezas a añadir vibrato a una nota sostenida, ya que no tiene que comenzar inmediatamente. Se puede crear un efecto muy dinámico dejando que la nota suene sin alteración y luego introduciendo gradualmente el vibrato después de unos pocos pulsos.

Considera también la *amplitud* o la *rapidez* que deseas que tenga tu vibrato. Un vibrato rápido y amplio suena muy diferente de uno lento y reducido. En el siguiente ejemplo, toco una sola nota y varío la velocidad y la amplitud del vibrato. Este es un gran ejercicio para conectar tu propia expresión a tu guitarra.

Ejemplo 3t:

También podemos aplicar vibrato a una doble cuerda. Tócala de manera normal, gira la muñeca para que el dedo índice esté empujando la parte inferior del mástil de la guitarra y asegura los dedos en su lugar antes de girar la palma.

Ten cuidado de limitar el alcance de tu vibrato con las dobles cuerdas, ya que es fácil de apagar accidentalmente la nota de la cuerda superior. Escucha con atención mientras tocas con el fin de comprobar que ambas notas siguen sonando.

Tal vez quieras mover el dedo índice lejos de la parte inferior del diapasón en las dobles cuerdas más altas para crear una posición más controlada de la mano.

Ejemplo 3u:

El vibrato es una técnica muy personal que va a seguir desarrollándose durante todo el tiempo en que toques la guitarra. Si deseas más información sobre la manera de practicarlo, echa un vistazo a mi libro *Técnica completa para guitarra moderna*.

Los ejemplos finales de este capítulo introducen una nueva posición de la escala de E pentatónica menor, que vamos a explorar más en los próximos capítulos.

Ejemplo 3v:

Em Pentatonic

Los siguientes ejemplos combinan todas las técnicas que hemos visto hasta ahora: bends, deslizamientos, dobles cuerdas, legato y vibrato. Mediante el uso de estas técnicas verás cómo una frase pentatónica simple puede avivarse y llenarse de expresión.

Ejemplo 3w:

Ejemplo 3x:

Ejemplo 3y:

Trata de crear tus propios licks mezclando todas las técnicas que hemos discutido.

En el siguiente capítulo veremos el aumento de tu independencia rítmica mediante el uso de la *síncopa*.

Capítulo 4: La síncopa

La síncopa es "tocar contra o fuera del pulso". En otras palabras, siempre que las melodías que tocamos no se alineen con el pulso principal o las subdivisiones rítmicas del pulso, estaremos utilizando la síncopa.

Normalmente, la síncopa es una parte natural y sencilla de la música moderna. Sin embargo, en el blues acústico fingerstyle, la síncopa presenta un gran reto porque nuestro pulgar todavía tiene que estar tocando notas negras estables sin síncopa. En esencia, el pulgar está tocando sobre el pulso y los dedos que puntean están tocando fuera del pulso.

Este nivel de complejidad se puede obtener, pero se requiere practicar con mucha concentración y cuidado. En este capítulo vamos a ver cómo dominar la interpretación de la síncopa que forma una gran parte del vocabulario melódico del blues fingerstyle.

Vamos a empezar por examinar las formas más simples de la síncopa antes de pasar a más ejemplos. Espero que el primer ejemplo no resulte demasiado difícil. El pulgar toca negras constantes y las notas de la escala de E pentatónica menor se tocan en cada pulso inacentuado (entre los punteos del pulgar). Mantén el pie marcando el ritmo y concéntrate en que la sensación del pie se iguale con el movimiento de tu dedo pulgar.

Ejemplo 4a:

Aunque cada nota melódica está escrita como una corchea corta para mayor claridad, trata de dejar que cada nota siga sonando por el mayor tiempo posible. Genera tus propias variaciones melódicas con base en este ritmo y pasa tiempo explorando diferentes formas y cambiando de dirección. Por ejemplo, podrías tocar esta idea en la posición dos.

Ejemplo 4b:

Explora el diapasón tanto como te sea posible usando esta idea.

La siguiente etapa consiste en crear algunos licks que se basen en este ritmo sincopado. No todas las notas se tocan fuera del pulso, pero ese es el principio general detrás de cada línea.

Ejemplo 4c:

No te dejes intimidar por el aspecto del siguiente ejemplo, ya que sigue el mismo principio general que la idea anterior, sólo hay unas pocas notas rápidas. Escucha las pistas de audio para ayudarte y ve despacio. El último pulso es un poco complicado.

Ejemplo 4d:

El siguiente ejemplo combina un bend sobre un pulso inacentuado con un deslizamiento sobre un pulso inacentuado.

Ejemplo 4e:

Sería posible llenar todo este libro con licks de corcheas sincopadas y deberías pasar mucho tiempo trabajando en el desarrollo de estas ideas, ya que son comunes en el fingerstyle en la guitarra de blues y te ayudarán a desarrollar una gran independencia entre el pulgar y los dedos de la mano que puntea.

La siguiente etapa consiste en mirar las ideas que son desplazadas por una semicorchea. Éstas realmente pondrán a prueba tu concentración y la independencia de tus dedos, así que ve muy despacio con la práctica de los siguientes ejemplos.

El primer ejemplo mantiene sólo una nota en la melodía y te permite tener una idea de esta síncopa difícil. Escucha el ejemplo de audio y asegúrate de marcar el pulso con el pie. Una vez más, concéntrate en el pie y sincroniza la sensación de tu pie con el punteo de tu pulgar.

En este ejemplo desplazamos la melodía de corcheas por un espacio de semicorchea, tacando una semicorchea en el primer pulso y luego continuando con corcheas. Esta es una gran manera para sonar como si estuvieras tocando más rápido de lo que eres, y de añadir intensidad a la melodía.

Ejemplo 4f:

El siguiente ejemplo es similar, aunque la primera semicorchea no se toca.

Ejemplo 4g:

Ahora trata de tocar una escala de E pentatónica menor en posición abierta con este ritmo. Puede que esto te resulte muy difícil al principio, pero se trata sólo de tu cuerpo y tu mente acostumbrándose a la sensación de tocar estas ideas.

Ejemplo 4h:

Los próximos ejemplos muestran algunos licks que se basan en este desplazamiento de semicorchea. Todos ellos son muy difíciles, y será de ayuda si cuentas las semicorcheas en voz alta "1 2 3 4" a través de cada pulso.

En este primer ejemplo, se coloca cada una de las corcheas en la segunda y cuarta semicorcheas en cada pulso. ¡Escucha atentamente el audio y marca con el pie!

Ejemplo 4i:

El siguiente ejemplo va a ser muy difícil al principio, así que sugiero que lo dividas pulso por pulso.

Cuenta en voz alta y trata de frasear el lick con la pista de audio. Sé muy consciente de tus golpes con el pie, ya que tratará de moverse sobre la primera nota de la melodía en vez del pulso. ¡Esto debe evitarse a toda costa! Para desarrollar una verdadera independencia, tu pie debe estar a cargo de mantener el tiempo y el pulgar debe seguirlo.

Marca con el pie en doble tiempo si es necesario, pero asegúrate de que esté sincronizando con el bajo, no con el primer bend.

Persevera con este lick, ya que te enseñará mucho.

Ejemplo 4j:

La siguiente línea es de nuevo todo un reto, así que escucha cuidadosamente el audio y concéntrate en el movimiento de tu pie. Aunque estas líneas son difíciles al principio, van a mejorar en gran medida la independencia de tus manos derecha e izquierda, y entre los dedos que puntean y el pulgar. Una vez que hayas "vencido" a estas síncopas de semicorchea, descubrirás que tienes mucha más libertad creativa en tus líneas melódicas.

Ejemplo 4k:

Trata de escribir unos cuantos licks por ti mismo utilizando los ritmos de los tres ejemplos anteriores. Poco a poco empieza a añadir bends, deslizamientos y dobles cuerdas para mejorar las melodías. Añade adornos sencillos en un primer momento e incorpóralos muy lentamente. El siguiente ejemplo utiliza un deslizamiento con una nota de adorno hacia una doble cuerda y un rizo. **Ejemplo 4l:**

Para aumentar tu flexibilidad y libertad al hacer solos, es importante practicar pasando de líneas sin síncopa a líneas sincopadas. Esta es una etapa esencial en tu desarrollo que te enseñará a incorporar la síncopa y la colocación de notas inconscientemente.

Comienza con la siguiente idea que se mueve de negras normales a sincopadas (inacentuadas).

Ejemplo 4m:

Trata de tocar ejercicios de este tipo por todo el diapasón de la guitarra; un compás de melodía sobre el pulso, y luego un compás de melodía fuera del pulso.

Cuando empieces a tener una idea de eso, trata de combinar algunos licks simples que pasen de interpretación normal a sincopada. En el siguiente ejemplo combino el ejemplo 3k con el ejemplo 4d:

Ejemplo 4n:

Este lick podría formar un gran riff para apuntalar una canción entera, aunque es posible descubrir que un área problemática se produce al comenzar la repetición. ¡Sigue moviendo tu pie!

La siguiente línea combina el ejemplo 3w con el 4e:

Ejemplo 4o:

Combina algunas de las líneas de corchea con las ideas sincopadas que anotaste anteriormente y trabaja para lograr moverte sin problemas entre ellas. Poco a poco aumenta la cantidad de tiempo que tocas mientras te mueves conscientemente entre los dos tipos de líneas. Finalmente podrás interiorizar esta sensación y saldrá de forma natural en tu interpretación.

A continuación, incorpora algunas semicorcheas sincopadas en tu interpretación combinando líneas de manera similar. Las semicorcheas son más difíciles, así que asegúrate de practicar diligentemente de una manera lenta y enfocada. El secreto para todos estos ritmos es mantener el pie marcando el pulso.

Comienza a trabajar en el siguiente ejercicio que se mueve entre semicorcheas que caen sobre el pulso y fuera de él.

Ejemplo 4p:

El ejemplo 4p es bastante exigente al principio, así que trata de tocar junto con el ejemplo de audio. Concéntrate en mantener tu pulgar y tu pie juntos y trata de escuchar la línea como un todo, no sólo como notas individuales. A medida que adquieras confianza, aumenta gradualmente la velocidad de tu metrónomo para ayudar a construir la memoria muscular.

Ahora trata de combinar algunas líneas de semicorcheas sincopadas y no sincopadas para que aprendas a moverte libremente entre las dos.

La siguiente línea combina los ejemplos 3m y 4i:

Ejemplo 4q:

La siguiente línea combina el ejemplo 2l con una nueva frase de semicorcheas sincopadas.

Ejemplo 4r:

La síncopa es sin duda una de las técnicas más difíciles para dominar en el fingerstyle en la guitarra blues, o de hecho, en cualquier tipo de música. Sin embargo, es también una de las técnicas más útiles y musicales en las que podemos trabajar, porque deja disponible completamente nuestra *colocación* de notas en el compás. Cuando somos capaces de escoger y elegir en dónde colocamos notas rítmicamente en una melodía, podemos ser verdaderamente expresivos. El mayor desafío es mantener el pulgar en el pulso, pero esto se vuelve más fácil con el tiempo.

Sigue practicando las ideas que utilizan este tipo de síncopa desplazada escribiendo licks y frases que utilicen las colocaciones rítmicas antes vistas. Si una síncopa con semicorcheas es difícil de descifrar, intenta marcar con tu pie en tiempo doble (dos veces más rápido), y comienza sintiendo la línea como corcheas antes de reducir a la mitad la velocidad del pie y sentirla como semicorcheas de nuevo.

Si estoy teniendo problemas con una idea específica, siempre cuento las semicorcheas como "1 2 3 4 1 2 3 4" para asegurarme de que estoy colocando cada nota en la subdivisión correcta del pulso.

En el siguiente capítulo, vamos a ver otro ritmo común en el blues fingerstyle: el tresillo.

Capítulo 5: Sensación de tresillo

La sensación de tresillo es una parte esencial de la interpretación de la guitarra blues y es generada dividiendo cada pulso en tres notas uniformes.

Esto se puede escribir en 4/4 (tiempo común) de la manera siguiente:

Sin embargo, es mucho más ordenado escribir estas líneas con la fórmula de compás de 12/8 (doce corcheas por compás que se agrupan de a tres) para no tener que escribir el símbolo del tresillo cada vez:

Cuando se toquen con el mismo tempo, las dos figuras anteriores sonarán exactamente iguales.

Comienza tocando una escala pentatónica menor ascendiendo y descendiendo, usando este nuevo ritmo de tresillo:

Ejemplo 5a:

Sigue tocando ideas de escalas pentatónicas de este tipo por todo el diapasón hasta que tengas confianza con la sensación rítmica del tresillo.

Ya hemos visto los componentes principales del vocabulario musical del blues, por ejemplo, los bends, los deslizamientos, el vibrato, el legato y la síncopa, así que todo lo que se necesita ahora es aplicar estas técnicas al ritmo del tresillo. Lo difícil es acostumbrar el pulgar y los dedos que puntean a la nueva sensación y desarrollar el mismo nivel de independencia y control.

Las siguientes líneas te ayudarán a interiorizar la sensación de tresillo y te enseñarán una gran cantidad de nuevo vocabulario.

En el primer ejemplo, presta atención a los deslizamientos con notas de adorno "que surgen de la nada".

Ejemplo 5b:

En el ejemplo 5c, añadimos un rizo y vibrato.

Ejemplo 5c:

El siguiente ejemplo inicia con un bend largo y lento, así que asegúrate de mantener el ritmo de tresillo en tu cabeza mientras lo tocas. Cuidado con las notas finales más rápidas.

Ejemplo 5d:

El ejemplo 5e comienza con un ligado ascendente con una nota de adorno antes de un deslizamiento con una nota de adorno hacia el B en la tercera cuerda.

Ejemplo 5e:

El siguiente ejemplo "duplica" la nota del medio del segundo tresillo.

Ejemplo 5f:

En el ejemplo 5g nos movemos hacia arriba en el diapasón y exploramos la gama más alta de la guitarra. Cuidado con el pre-bend en el pulso tres. Toca esto manteniendo el bend anterior a lo largo del pulso dos y bajando el tono al comienzo del pulso tres.

Escucha el audio para oír esto en acción.

Ejemplo 5g:

Durante los siguientes ejemplos, vamos a explorar otra nueva posición de la escala de E pentatónica menor. Practícala con un bajo con negras y con sensación de tresillo.

Ejemplo 5h:

Em Pentatonic

El primer ejemplo de abajo presenta deslizamientos hacia arriba con notas de adorno en los primeros tres pulsos y un deslizamiento hacia abajo en el último pulso del compás. Deja sonar ambas cuerdas y no tengas miedo de experimentar con la distancia de cada deslizamiento. ¡Cuidado, también, con el cambio de posición!

Ejemplo 5i:

En el ejemplo 5j, utilizamos la nota de blues b5 (Bb) para añadir un poco de interés melódico.

Ejemplo 5j:

Al igual que con las corcheas normales, podemos duplicar cada tresillo para tocar dos semicorcheas en cada subdivisión del pulso. Esta idea se ha utilizado brevemente en algunos de los ejemplos anteriores, pero las siguientes líneas hacen un mayor uso de ráfagas más largas de ritmos de semicorchea.

Ten cuidado con el ritmo: como ya estamos agrupando las notas de a tres, las semicorcheas se expresan como tres grupos de dos, no dos grupos de tres. Por ejemplo:

Ejemplo 5k:

Las siguientes líneas te ayudarán a hacerte a la idea de tocar torrentes más largos de semicorcheas dentro del tiempo.

El primer ejemplo inicia con un lick de blues ascendente común que luego rápidamente desciende a través de las frases de semicorcheas. Ten cuidado con el rizo en el pulso dos y el deslizamiento con nota de adorno en el pulso tres. Puede que encuentres más fácil la transición hacia el segundo dedo para tocar el G en la cuerda superior, ya que te dará un mayor control durante la interpretación de la frase descendente.

Ejemplo 5l:

El siguiente ejemplo comienza con una nota de blues y utiliza legato y un deslizamiento para articular la frase de manera fluida.

Ejemplo 5m:

La siguiente idea podría ser un poco difícil al principio, ya que se mueve entre dos posiciones de la escala de E pentatónica menor. Asegúrate de deslizarte fuertemente hacia el primero de cada grupo de seis notas y dejar que cada nota suene hacia la siguiente. Siendo agresivo con cada deslizamiento vas a ayudar a articular y definir los grupos.

Ejemplo 5n:

Por último, aquí hay otra frase que te enseña a cambiar de posición en el diapasón de la guitarra. La transición del bend a los ligados descendentes en el pulso dos puede requerir atención especial. Siempre domina el lick en el compás uno antes de añadir la línea de bajo en el compás dos.

Ejemplo 5o:

Al igual que con todos los ejemplos de este libro, el ritmo y el impulso provienen de tu dedo pulgar y de tu pie trabajando en conjunto, de manera que cuando estés trabajando en tus propios licks rápidos asegúrate de ralentizarlos y sé muy consciente de la coordinación entre la melodía y el bajo.

En el siguiente capítulo vamos a ver una nueva escala, y la forma de utilizarla para hacer solos sobre diferentes acordes.

Capítulo 6: La escala pentatónica mayor

Hasta ahora, este libro se ha centrado en la construcción de solos sobre los acordes de E mayor o E menor utilizando la escala pentatónica menor con la adición de unas pocas notas de blues. Sin embargo, hay otras escalas que se pueden utilizar para formar melodías sobre de un acorde de "E".

La escala pentatónica mayor tiene una sensación brillante y animada, y es una opción común en el fingerstyle en la guitarra blues. Sin embargo, su ambiente de sonido feliz es a menudo demasiado brillante como para usarse en el acorde tónico de un blues. De hecho, la mayor parte del sonido blues que oímos es creado al tocar una escala *menor* sobre un acorde *mayor*. Por ejemplo, la escala de E pentatónica menor sobre un acorde de E mayor o E7.

Si bien la E pentatónica menor funciona bien sobre un acorde de E mayor (o E7), la E pentatónica mayor no suena muy bien sobre un acorde de E menor.

En vez de mirar la escala de E pentatónica mayor, ahora estudiaremos la escala de A pentatónica mayor, ya que es una opción común cuando se toca sobre el acorde de A en un blues en tonalidad de E.

Vamos a ver en más detalle los acordes y las estructuras en el capítulo 7 pero, por ahora, echa un vistazo rápido a una progresión de blues estándar de ocho compases en E.[1]

Debajo de cada acorde, he escrito algunas opciones comunes de escala para hacer solos en cada acorde.

Como se puede ver, el primer uso común para una escala pentatónica mayor es sobre el acorde de A en el tercer compás, así que pasemos a ver un poco de vocabulario pentatónico mayor importante. En primer lugar empieza por aprender la escala de A pentatónica mayor.

Debido a que podemos usar la cuerda al aire de A como nota fundamental, es posible tocar una línea de bajo con negras mientras se toca la escala de A pentatónica mayor.

---

1. Hay muchos tipos diferentes de estructuras de blues, incluyendo el más común blues de doce compases. Sin embargo, muchas de las primeras canciones de blues acústico no se basaron en estas estructuras, y el blues de doce compases formal fue una innovación posterior.

Ejemplo 6a:

A Maj Pentatonic

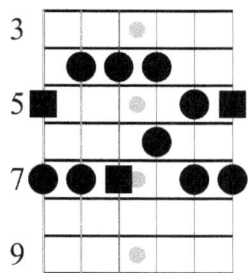

Lo más importante que hay que entender es que cada vez que tocamos u oímos líneas pentatónicas mayores en el blues, normalmente se combinan con la escala pentatónica menor de la misma fundamental. Por ejemplo, se escuchará libremente las escalas de A pentatónica mayor, y A pentatónica menor juntas para oscurecer un poco el sonido pentatónico mayor y hacer que suene más a blues.

Compara las diferencias entre las escalas pentatónicas de A mayor y A menor. Destacaremos estas diferencias en nuestras melodías para crear líneas auténticas de blues.

A Maj Pentatonic   Am Pentatonic

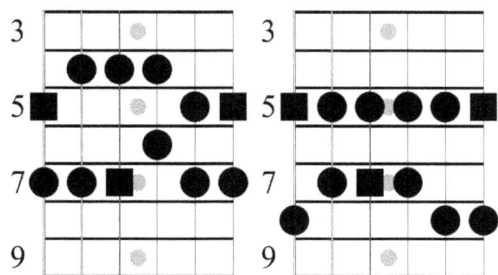

Las siguientes líneas hacen uso de todas las técnicas utilizadas hasta el momento en este libro, pero ahora se basan en la escala de A pentatónica mayor. Sin embargo, notarás pequeños "toques" de la escala pentatónica menor moderando el brillo del sonido pentatónico mayor.

Ejemplo 6b:

Ejemplo 6c:

Ejemplo 6d:

58

Ejemplo 6e:

Ejemplo 6f:

Por supuesto, ¡también debes aprender y escribir algunas líneas en 12/8!

Ejemplo 6g:

Ejemplo 6h:

Explora las otras formas de la escala de A pentatónica mayor y combínalas con A pentatónica menor para formar tus propios licks de blues. Las siguientes formas son un buen lugar para empezar:

A Maj Pentatonic   Am Pentatonic

Formas móviles

Una de las mejores cosas de la guitarra es que, si estamos tocando una escala sin cuerdas al aire, entonces podemos moverla hacia arriba y abajo en el diapasón como si fuera un acorde con cejilla, para acceder a diferentes tonalidades y acordes.

Cuando el acorde se convierte en B7 en un blues, podemos simplemente mover hacia arriba todos nuestros licks de escala de A pentatónica mayor por un tono (dos trastes) para que los mismos licks funcionen sobre el nuevo acorde. Se podría, por supuesto, volver a tocar ideas de E pentatónica menor en el acorde B7 como se muestra en el diagrama al comienzo de este capítulo, pero ya hemos cubierto estas ideas con gran detalle.

Para empezar, toca una idea de A pentatónica mayor de entre las mostradas anteriormente, y luego muévela hacia arriba por dos trastes para convertirla en una idea de B pentatónica mayor. Con el tiempo perderás la distinción entre líneas mayores y menores pentatónicas, y empezarás a ver cada idea simplemente como un lick de "A", un lick de "B", o un lick de "E".

Ejemplo 6i:

Ejemplo 6j:

Si el lick es bastante simple, puede ser fácil mantener pulsada una nota B de bajo en el 7mo traste para seguir el movimiento del bajo a través del cambio de acorde. A menudo, esto se consigue con una cejilla sobre las cuerdas en el séptimo traste:

Ejemplo 6k:

Ejemplo 6l:

Después construir una gran cantidad de independencia de los dedos, coordinación y técnica mediante el aprendizaje de licks y vocabulario, la segunda sección de este libro pasa a analizar cómo construir y tocar el ritmo complejo y las partes de acordes que son típicas del fingerstyle en la guitarra blues.

Segunda parte: Vocabulario, patrones y técnicas en la guitarra rítmica

El objetivo de la *Primera parte* de este libro fue desarrollar tu independencia de dedos de una manera divertida y musical. Ahora ya has dominado gran cantidad de vocabulario importante, y deberías estar obteniendo la idea de mantener una línea de bajo con negras constante mientras tocas licks y líneas complejos.

La *Segunda parte* de este libro observa con mucho más detalle el arte del blues fingerstyle en la guitarra rítmica y las habilidades y técnicas necesarias para construir confianza y fluidez en este género exigente. .

El trabajo que has realizado en el bajo con tono de pedal con negras te será muy útil aquí, pero ten en cuenta que aún debes trabajar en los ejercicios y canciones de esta sección muy lentamente. Todavía hay mucho camino por recorrer en el desarrollo de la síncopa en la mano que puntea, y también algunas ideas desafiantes en la mano del diapasón.

Esta sección cubre:

- Progresiones de acordes

- Patrones del pulgar de fundamental y octava

- Patrones del pulgar de fundamental y 5ta

- Patrones de fingerpicking

- Líneas de bajo con arpegio

- Fragmentos de acordes e inversiones

- Combinación de melodía y acordes

- Turnarounds

- Líneas de bajo y acordes

- Solos y el uso de rellenos mientras se toca el ritmo

- El uso de licks y riffs como acordes

Después de leer esta sección estarás bien equipado para tocar el ritmo en fingerstyle en la guitarra blues como un experto y para combinarlo con las ideas de solos de la *Primera parte*.

Ve despacio y asegúrate de que *tú* estás en control de tus dedos. Una pregunta que siempre tengo en mente es: "¿quieres ser el perro, o quieres ser la cola?" En otras palabras, ¿quieres menear la cola, o quieres ser meneado?

La manera de asegurarnos de que estamos a cargo es practicar lo suficientemente lento de manera que nuestro cerebro, y no nuestros dedos, esté a cargo de cada nota.

Capítulo 7: Acordes, rasgueo y patrones básicos

A lo largo de los años, el blues fingerstyle en guitarra se ha tocado en diferentes tipos de guitarras y afinaciones. Las afinaciones más comunes son la "estándar" E, que probablemente estás utilizando ahora en una guitarra de seis cuerdas y la afinación "drop D", donde la cuerda del bajo está afinada en D en vez de E.

También está la afinación DADGAD, donde las cuerdas se afinan en esta secuencia de notas.

Sin embargo, también hay algunas afinaciones bastante raras y oscuras que se han utilizado. Por ejemplo, el pionero del blues Leadbelly utilizó una guitarra de doce cuerdas cuyo tono bajaba a "C grave" o incluso a "B grave", al igual que lo hizo Blind Willie McTell.

La afinación Vestapol (DADF#AD), en la cual toda la guitarra se afina en un acorde de D tampoco era rara entre los intérpretes de slide como Blind Willie[2] Johnson.

Por razones de simplicidad y accesibilidad, este libro te va a mostrar cómo tocar el ritmo de blues fingerstyle en la afinación E "estándar", E A D G B E, ya que todas las ideas de este libro son transferibles y muchas de las técnicas se pueden utilizar con diferentes afinaciones.

En la afinación estándar, las dos tonalidades más comunes para el blues fingerstyle son E y C debido a que proporcionan un cómodo acceso a muchas ideas importantes de la línea de bajo.

Vamos a empezar por examinar los acordes básicos en un blues en E. Éstos se muestran con voicings mayores y de séptima dominante, ya que tienden a ser utilizados indistintamente. Los acordes de séptima tienen una calidad más tensa y blusera, así que practica ambos voicings y decide qué sonido te gusta más. De vez en cuando es importante tocar un voicing de séptima dominante ya que libera un dedo para añadir una frase melódica.

Voicings de acordes de blues básicos

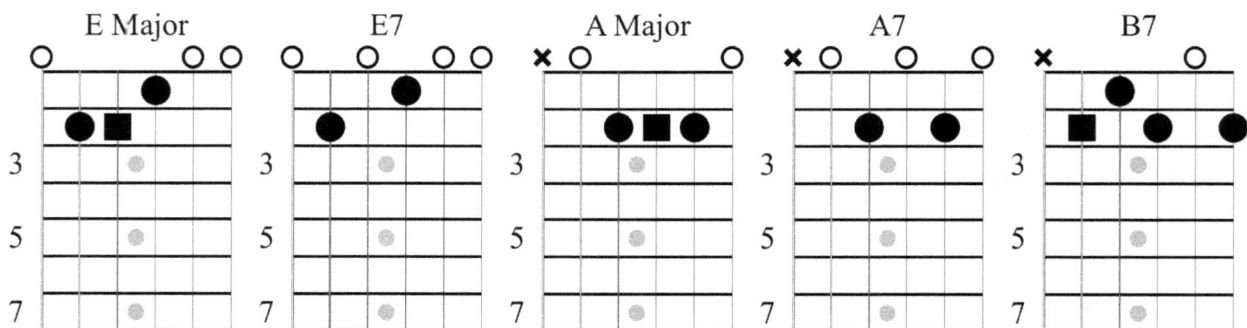

Mientras que la mayoría de la gente asocia el blues con la estructura clásica de doce compases, esto fue en realidad una innovación posterior y es bastante poco común en el blues inicial. A menudo canciones enteras se formaron a partir de riffs de una o dos notas sobre un solo acorde, por lo que casi cualquier idea de la *Primera parte* podría ser adaptada para este propósito.

Sin embargo, para desarrollar tu estilo de fingerpicking es importante conocer los siguientes patrones y estructuras de acordes alrededor de secuencias específicas de manera que aprendas a coordinar las dos manos y a cambiar acordes fácilmente y sin problemas. Ten en cuenta que cualquier patrón de punteo con los dedos o de rasgueo se puede aplicar a cualquier secuencia.

---

2. Si quieres convertirte un verdadero gran intérprete del fingerstyle en la guitarra blues es esencial cambiar tu nombre a *Blind Willie*

Vamos a empezar, sin embargo, con la estructura de blues de ocho compases que aprendiste en la *Primera parte*. Aquí está otra vez para refrescar la memoria.

Blues de 8 compases "estándar"

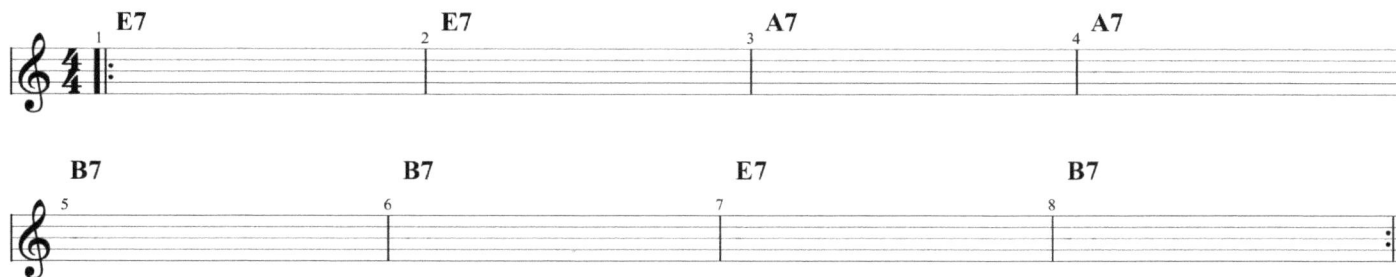

Toca toda esta progresión usando un rasgueo por compás y asegúrate de haber memorizado la secuencia. Prueba con ambos tipos de acordes; mayores y de séptima dominante. Usando un metrónomo ajustado a 60 bpm, aumenta gradualmente el tempo hasta que puedas cambiar de acordes con seguridad a una mayor velocidad. Trata de tocar más rasgueos en cada compás cuando te sientas preparado.

El B7 puede tomar un tiempo hasta que te acostumbres si no lo has tocado antes. Si tienes problemas, prueba el siguiente voicing más fácil de B7:

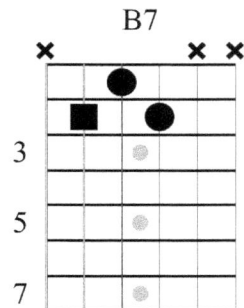

Cuando te sientas cómodo con estos cambios, introduce el primer patrón de rasgueo.

Empieza siguiendo las flechas de patrones de rasgueo que se muestran en el ejemplo, utiliza la uña del dedo índice para tocar la cuerda del bajo y la yema del dedo índice para tocar el rasgueo hacia arriba en el acorde. Esto a veces se conoce como un *golpe de brocha*.

A continuación, cambia tu enfoque de manera que puntees la nota del bajo con el pulgar y uses tres dedos juntos para puntear la parte superior del acorde.

En donde haya cuatro notas en la notación de un acorde, sé selectivo con las tres notas que decidas puntear. Normalmente lo mejor es apuntarle a las cuerdas altas.

Ejemplo 7a:

El siguiente ejemplo de rasgueo es un ritmo importante que hay que saber, y es conocido como un ritmo de *tren de carga*, ya que refleja el sonido de una locomotora. Es bastante común en la guitarra country también. Sólo lo he escrito en el acorde E de enseguida, pero deberías transferir este modelo a los otros acordes de la progresión y a los de más adelante en este capítulo.

Mantén la muñeca suave y ligera, y trata de mover los rasgueos desde el centro hacia las cuerdas altas como se puede escuchar en la pista. Lo único inamovible es el golpe de la nota del bajo sobre el pulso.

Ejemplo 7b:

Cuando seas fluido con esta progresión y puedas tocar tanto con los rasgueos como con el pulgar y los dedos, es el momento de pasar al estudio de algunos patrones de punteo con los dedos.

El patrón de punteo más importante para dominar, ya que de éste se deriva más del noventa por ciento de los enfoques del blues fingerstyle, es el patrón de punteo de *bajo alternante*. En este estilo, el pulgar se utiliza para alternar entre dos notas graves, normalmente la fundamental y su octava o la fundamental y la 5ta.

Cuando se toca un acorde de E, la fundamental y la octava se encuentran en las cuerdas sexta y cuarta respectivamente.

Poco a poco trabaja en el siguiente ejemplo asegurándote de prestar especial atención a la exactitud de tu dedo pulgar y el ritmo de la música. Asegúrate de que tu pulgar de la mano que puntea toque las notas graves en las cuerdas sexta y cuarta, y tres dedos en conjunto toquen la parte superior del acorde.

Recuerda también usar algo de palm mute o de *amortiguación* en la mano que puntea al descansar la palma ligeramente sobre las cuerdas graves. Esto mantendrá el bajo ajustado y crujiente, y lo ayudará a romper entre los acordes. Escucha este efecto en las pistas de audio.

Ejemplo 7c:

Siguiendo con la misma idea, vamos a mover el acorde al pulso inacentuado para crear un efecto diferente y más animado.

Ejemplo 7d:

En otros tipos de acorde no siempre es práctico tocar la fundamental y la octava. Por ejemplo, en un acorde de "A" abierto, el bajo a menudo se mueve entre la fundamental y la 5ta en la cuarta cuerda. Echa un vistazo al siguiente patrón y ten cuidado con el cambio de A a A7 en el compás dos.

Ejemplo 7e:

La 5ta de A (E) también se puede tocar en la sexta cuerda por *debajo* de la fundamental. Sin embargo, esto puede sonar un poco a country, ¡así que ten cuidado!

Ejemplo 7f:

El acorde B7 también se puede tocar con un bajo en la quinta y cuarta cuerdas.

Ejemplo 7g:

A medida que comiences a desarrollar la independencia de tu dedo pulgar, prueba el siguiente ejercicio con un acorde de E mayor simple. Empieza con el acorde sobre el pulso en el primer compás y luego cambia para tocarlo en el pulso inacentuado en el segundo compás.

Ejemplo 7h:

A continuación, intenta crear ritmos sincopados mediante la combinación de acordes con golpe de staccato sobre pulsos acentuados e inacentuados en el mismo compás. Este es el comienzo de hacer solos y tocar acordes al mismo tiempo, pues se desarrolla una gran cantidad de control en la mano que puntea.

Ejemplo 7i:

Practica la misma idea rítmica también en los acordes A y B7, antes de combinarlos juntos en progresiones más largas. El siguiente ejemplo se mueve entre los acordes de E y A7.

Ejemplo 7i:

Ahora intenta un ejemplo similar que te acostumbre a alterar ligeramente los acordes mientras tocas un patrón de punteo.

Ejemplo 7j:

Repite lcs nueve ejercicios anteriores utilizando los acordes de G, C y D, y sus equivalentes de séptima dominante. El siguiente ejemplo te mostrará los patrones de notas graves más comunes para utilizar en cada tipo de acorde.

Ejemplo 7k:

Patrones de fingerpicking

La siguiente etapa en el desarrollo de la mano que puntea es dominar algunos patrones importantes. Estos patrones se convertirán gradualmente en ideas más complejas y contribuirán a darte total independencia y control entre el pulgar y los dedos.

Como consejo general, si algo sale mal mientras estás tocando un patrón de punteo (¡sobre todo en vivo!), entonces la parte más importante del patrón para poder seguir adelante será la línea del bajo. El oyente casi siempre oirá una línea de bajo vacilante antes de escuchar cualquier inconsistencia en los dedos de la melodía.

Estos primeros ejercicios mantienen un constante movimiento con negras en una cuerda con el pulgar para ayudarte a concentrarte en la coordinación de tus dedos que puntean. Asegúrate de seguir la digitación correcta que se indica encima de la música.

M = corazón

I = índice

R = anular

Mantén pulsado un acorde de E mayor al tocar los siguientes ejemplos:

Ejemplo 7l:

Aplica el anterior patrón de punteo con los dedos a los acordes de A, B7, G, A y D antes de continuar.

Ahora intenta el siguiente ejemplo:

Ejemplo 7m:

Una vez más, mueve este patrón a través de los acordes antes mencionados.

La siguiente idea de punteo introduce una doble cuerda. Usa los dedos corazón e índice para tocar las dos notas juntas.

Ejemplo 7n:

Ahora invierte ese patrón.

Ejemplo 7o:

A medida que desarrolles control y fluidez aumentando gradualmente la velocidad de los ejercicios anteriores de punteo con un metrónomo, será hora de volver a introducir la figura del bajo alternante con el pulgar. Recuerda que debes aplicar *palm mute* ligeramente en la sexta cuerda para un efecto blusero y de percusión. Los dos primeros patrones de punteo se muestran a continuación con un bajo alternado añadido.

El pulgar es el "motor" en este estilo de música. Mantenlo dirigiendo, de manera rítmica y suave.

Ejemplo 7p:

Ejemplo 7q:

Trabaja en los restantes patrones de punteo anteriores y aplica el patrón de bajo alternante en ellos. A continuación, aplica la idea de la nota de bajo alternante a los mismos patrones tocados en los acordes de A, B7, G, C y D. Recuerda que estos acordes tienen diferentes patrones de alternancia en el bajo que el acorde de E mayor. Refresca la memoria volviendo a los ejemplos 7e-7k.

El siguiente ejemplo muestra cómo adaptar el ejemplo 7p a un acorde de A.

Ejemplo 7r:

Recuerda que todo lo que tienes que hacer es mantener pulsado el acorde y pensar en la secuencia de punteo.

Aquí está el mismo patrón adaptado al acorde D7.

Ejemplo 7s:

Toma cada patrón de los ejemplos 7l-7o y aplícalo a cada uno de los acordes enumerados anteriormente. Esta es una etapa importante, ya que le enseñará a tus dedos cómo tocar los acordes más comunes en blues fingerstyle con un bajo alternante. Toma tu tiempo y trabaja metódicamente.

Ahora intentemos vincular algunas de estas ideas en una corta pieza musical. Aborda este estudio identificando primero el patrón de punteo en cada acorde antes unir los acordes.

Ejemplo 7t:

Repite el ejercicio musical anterior utilizando diferentes patrones de punteo y también alrededor de los acordes de G, C y D.

Hasta ahora hemos analizado los patrones de punteo de corchea en la parte alta del acorde; sin embargo, algo que puede tomar un poco de tiempo para que te sientas cómodo es tocar negras melódicas con una línea de bajo con negras. Estos patrones se ven fáciles sobre el papel, pero para muchos intérpretes pueden ser bastante difíciles al principio.

Echa un vistazo a las siguientes ideas.

Ejemplo 7u:

Ejemplo 7v:

Una vez más, aplica estas ideas a otros de los acordes de blues discutidos en este capítulo y crea algunos patrones y progresiones de acordes propios.

Este capítulo te ha proporcionado una base sólida en algunos importantes patrones de fingerpicking en la guitarra rítmica del blues. En el siguiente capítulo, vamos a pasar a la adición de la melodía y la síncopa a estas ideas para crear partes de guitarra autónomas y con un sonido auténtico.

Capítulo 8: Combinación de melodías, acordes y líneas de bajo

En este capítulo vamos a estudiar cómo combinar los patrones de fingerpicking del capítulo anterior con melodías de notas individuales y solos para crear una pieza completa e independiente de guitarra blues. Las técnicas de este capítulo se sienten muy poco naturales al principio pero, como siempre, el secreto es ir despacio y ser muy cauto con cada nota que toques.

Cuando intentes por primera vez los ejemplos de este capítulo, no te preocupes demasiado por el uso de un metrónomo o por tocar dentro del tiempo, sólo asegúrate de que cada nota punteada es precisa. A medida que tu precisión mejore, incluye un metrónomo y no olvides mantener tu zapateo en el pulso.

Vamos a empezar omitiendo el bajo alternante hasta que te acostumbres a la adición de notas melódicas en la parte superior de los acordes. Una vez que domines la adición de las notas melódicas, normalmente será bastante sencillo introducir la línea de bajo alternante.

En el siguiente ejemplo, mantén pulsado un acorde de E mayor todo el tiempo y usa tu cuarto dedo (meñique) para tocar las notas de la melodía en la parte superior del acorde. Asegúrate de que el pulgar siga tocando negras en la sexta cuerda dentro del tiempo.

Ejemplo 8a:

Aquí hay una línea similar tocada en un acorde de A.

Ejemplo 8b:

Cuando se toca en esta posición "abierta" en la guitarra, muchas líneas que se escuchan en las grabaciones se pueden encontrar simplemente experimentando con melodías, usando tu dedo meñique en las dos cuerdas altas.

Prueba la siguiente melodía que comienza con el cuarto dedo tocando el 3er traste de la segunda cuerda. Mantén un acorde de E mayor pulsado todo el tiempo. Observa cómo intercambio entre notas sencillas y dobles cuerdas para combinar texturas de solos y de acordes.

Ejemplo 8c:

Ahora, vamos a tocar un bend en la nota G superior mientras se mantiene pulsado el acorde de E mayor. Este bend puede ser difícil al principio, ya que necesitas utilizar tu cuarto dedo, que es más débil.

Ejemplo 8d:

También vale la pena practicar este bend en un acorde de A, ya que es fácil que el bend alcance la segunda cuerda por accidente. Utiliza los dedos 1ro y 2do para pulsar el acorde A7 y utiliza tu cuarto dedo para tocar el bend en la cuerda E y el D en el pulso tres. Cuidado con el cambio rápido a C#.

Ejemplo 8e:

La siguiente idea combina un ligado ascendente hacia un acorde de E con un bend en la cuerda superior. Este es un movimiento muy común en la guitarra acústica de blues.

Ejemplo 8f:

A medida que se desarrolla tu destreza en los dedos, puede que quieras empezar a añadir licks más rápidos a la parte superior de los acordes. La siguiente idea utiliza ligados ascendentes y ligados descendentes con tu dedo meñique y puede tomar un poco de práctica meticulosa.

Ejemplo 8g:

Todos los ejemplos anteriores han comenzado con una nota de acorde sobre el pulso, pero es importante experimentar tocando notas de escala en el pulso en vez de eso. El siguiente ejemplo muestra una línea alrededor de un acorde de A7 con la 6ta (F#), como la primera nota de la melodía. Usa tu dedo meñique para tocar las notas sobre la cuerda superior.

Ejemplo 8h:

Ejemplo 8i:

Vamos a echar un vistazo a algunos movimientos comunes alrededor del acorde B7 antes de enlazar algunas de estas ideas en un ejercicio musical más largo.

La siguiente línea puede ser un poco difícil. Todos los bends se tocan con el dedo meñique, y hay que tener cuidado de no tocar accidentalmente la cuerda adyacente con el dedo que hace el bend.

Ejemplo 8j:

El siguiente estudio te ayudará a combinar las ideas de las páginas anteriores. Ten cuidado con la línea de bajo en el compás seis. Vamos a ver las líneas de bajo de este tipo en detalle más adelante pero, por ahora, usa el cuarto dedo para tocar el G grave.

Recuerda que debes mantener pulsado el acorde indicado a través de cada compás.

Ejemplo 8k:

Ahora que las ideas empiezan a fluir, es importante que dediques tiempo a la improvisación y la búsqueda de tus propias melodías para tocar sobre los acordes. Usa los licks y el vocabulario que desarrollaste en los capítulos 2, 3 y 4 para obtener ayuda.

La siguiente etapa es empezar a tocar a estas melodías y acordes con la adición de las líneas de bajo alternante que estudiamos en el capítulo 7. Esta tarea adicional requiere todo un nivel extra de concentración al principio así que, como siempre, ve muy despacio y asegúrate de que estás en control de cada nota y cada punteo con el pulgar. Es extremadamente fácil de olvidar el movimiento del pulgar o confundir qué cuerda se supone que debe estar atacando.

Recuerda el ejemplo 8c y ahora pruébalo con el pulgar tocando una línea de bajo alternante en las cuerdas sexta y cuarta. Mantén pulsado el acorde de E mayor todo el tiempo y presta atención a los golpes del pulgar mientras aplicas palm mute ligeramente. El objetivo es hacer que la guitarra suene como dos instrumentos separados.

Ejemplo 8l:

La siguiente línea comienza de una manera similar; sin embargo, ahora hay un lick rápido en el pulso tres. Observa cómo se aísla la nota de bajo en el pulso cuatro.

Ejemplo 8m:

Aquí hay una línea de bajo alternante combinada con licks en un acorde de A7.

Ejemplo 8n:

La siguiente línea debería ponerte un poco más a prueba.

Ejemplo 8o:

Las siguientes líneas de bajo alternante se construyen sobre un acorde de B7.

Ejemplo 8p:

Ejemplo 8q:

A medida que te familiarices más con el movimiento del bajo alternante sobre estos acordes, vuelve al ejemplo 8k y tócalo una vez más incluyendo los patrones de bajo alternante con que trabajaste en los seis ejemplos anteriores.

Por supuesto, hay otros acordes, líneas de bajo y vocabulario importantes para dominar también, sobre todo en las comunes "tonalidades de blues" de C y A. Sin embargo, todas las ideas que aparecen alrededor de los acordes de E, A y B7 son fácilmente transferibles a otras tonalidades y una gran cantidad de vocabulario será cubierto en el siguiente capítulo cuando abordemos la interpretación de formas móviles más arriba en el diapasón.

Capítulo 9: Interpretación en la parte alta del diapasón

La mayoría del trabajo con acordes que hemos hecho hasta ahora ha sido interpretado alrededor de la parte inferior de la guitarra y ha utilizado cuerdas al aire. En este capítulo, vamos a ver cómo utilizar voicings de acordes más agudos y combinarlos a la perfección con los voicings abiertos vistos antes.

Como la mayoría de las siguientes ideas de acordes no utilizan cuerdas al aire, normalmente son móviles y se pueden tocar en diferentes tonalidades al cambiar posiciones, al igual que las escalas o acordes con cejilla.

La primera idea está basada en un voicing del acorde de E7 con la fundamental en la cuarta cuerda. Se puede tocar de la siguiente manera:

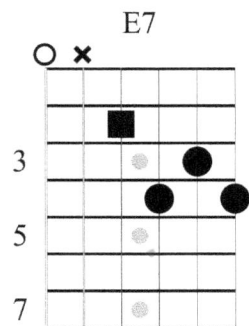

La sexta cuerda al aire todavía está disponible como una nota de E grave.

El siguiente riff de acordes desliza las notas de las tres cuerdas altas hacia abajo y luego hacia arriba por un semitono, manteniendo la fundamental en la cuarta cuerda constante para crear un efecto muy blusero. El voicing del acorde al cual te estás moviendo luce así:

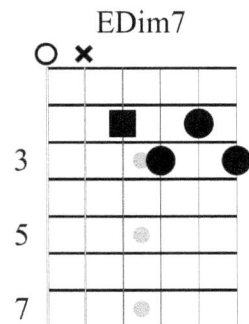

Echa un vistazo a la siguiente frase:

Ejemplo 9a:

Como ya he mencionado, la nota fundamental E en la sexta cuerda al aire todavía está disponible para nosotros, por lo que es posible añadir una línea de bajo alternante al movimiento de acordes anterior. Esta línea es un poco incómoda al principio, pero pronto se vuelve cómoda si se practica lentamente.

Ejemplo 9b:

Dado que esta forma es un acorde móvil, podemos usar la cuerda A abierta para tocar la misma figura en un acorde de A7.

Ejemplo 9c:

Aunque normalmente no hay una cuerda grave de B disponible, es posible mover la idea anterior un tono hacia arriba para tocar un acorde de B7, siempre y cuando mantengas la línea del bajo en la cuarta cuerda.

Ejemplo 9d:

La siguiente figura breve muestra cómo se pueden combinar estos acordes en una idea musical.

Ejemplo 9e:

Aunque normalmente no suelo tocar la secuencia anterior en su totalidad, cada riff de acorde aislado es una figura muy útil para mezclar con otros voicings del mismo acorde. Por supuesto, los ritmos anteriores se pueden cambiar también. El siguiente ejemplo combina un acorde con bajo alternante y un lick con el riff de E7 anterior.

Ejemplo 9f:

Otra forma de acorde útil a saber se basa en una forma móvil de C7. Este acorde es muy común en el blues fingerstyle y el country, ya que da acceso a una línea de bajo alternante con una fundamental y una 5ta en cualquier parte del diapasón.

La forma del acorde se muestra a continuación con las fundamentales de E, A y B7.

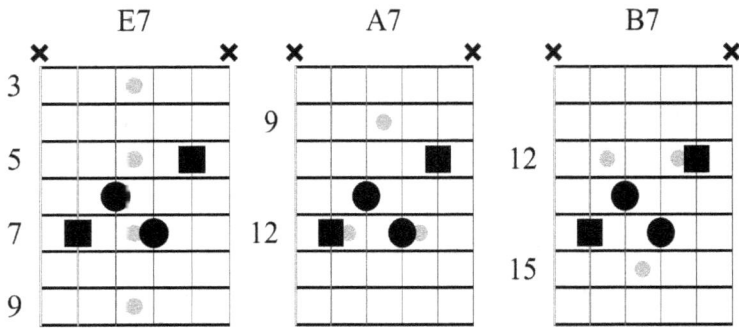

Estas formas son muy útiles para los patrones de fingerpicking y es fácil añadir un bajo alternante en la sexta cuerda simplemente moviendo el 3er dedo para formar la siguiente figura:

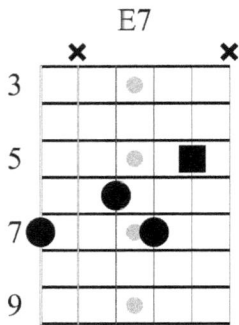

Dale un vistazo al siguiente ejemplo punteado con los dedos. Si bien suena un poco a "country" es un gran ejercicio y se puede adaptar fácilmente a cualquiera de los patrones en el capítulo 7. Mantén pulsados los acordes anteriores todo el tiempo en este ejemplo y sólo mueve el tercer dedo.

Ejemplo 9g:

Esta forma también nos da la oportunidad de divertirnos un poco y crear una línea de bajo alternante en las *tres* cuerdas inferiores. Este ejemplo es similar en algunos aspectos a la idea anterior, pero el pulgar toca las notas en la sexta, quinta o cuarta cuerda.

Ejemplo 9h:

También puede ser útil tocar fragmentos de acordes con cejilla estándar que nos permitan combinar la interpretación de acordes con el trabajo de los solos y mover estas ideas alrededor del diapasón.

Las siguientes líneas se basan en el acorde de A mayor con cejilla completa, pero vale la pena comenzar con el pequeño fragmento mostrado.

Empieza por tocar los siguientes pocos licks que te darán una idea de dónde se encuentran las notas de la melodía comunes alrededor de estas formas.

En este primer lick, haz la cejilla sobre la segunda, tercera y cuarta cuerdas en el quinto traste. Observa que el movimiento del bajo alternante es ahora entre la fundamental y b7 (G), no entre la fundamental y la octava.

Ejemplo 9i:

La siguiente línea combina el fragmento de acorde de A7 con una línea de bajo alternante y un lick con una sensación de tresillo.

Cada uno de los acordes se *rastrilla* dejando rodar los dedos de la mano que puntea por las cuerdas. Comienza con el pulgar y los dedos sobre las cuerdas y quítalos en rápida sucesión.

Ejemplo 9j:

Intenta deslizar los dos licks anteriores hasta dos trastes arriba para tocarlos sobre el acorde de B7. Necesitarás hacer la cejilla correctamente a través de la guitarra con tu dedo índice para tocar la nota B grave en el bajo.

Ejemplo 9k:

Estas formas de acordes móviles son muy útiles, ya que te permiten tocar en cualquier tonalidad, y te ayudan a acceder a las notas que están más arriba en el diapasón, mientras se mantiene el impulso hacia adelante en la música con los acordes y líneas de bajo.

Voicings e inversiones

Otra forma en que los músicos del blues fingerstyle acceden a las notas y los acordes de más arriba en el diapasón es utilizando diferentes *voicings* e *inversiones* del mismo acorde. Por ejemplo, el acorde de E mayor se puede tocar de las siguientes tres maneras:

La siguiente idea de tresillo vincula estas formas mientras se toca una línea de bajo con negras. También he añadido algunos deslizamientos de semitonos auténticos hacia cada acorde. Estos deslizamientos se pueden aplicar a cualquier acorde que toques.

Ejemplo 91:

Estas formas principales son muy útiles y deberías experimentar para encontrar maneras de hacerlas propias, pero para hacerlas más bluseras se pueden convertir en acordes de séptima dominante bajando a la nota fundamental alta un tono:

Toca todo el ejemplo de la página anterior y utiliza éstos voicings en lugar de los escritos.

El secreto para la integración de estos fragmentos de acordes en tu interpretación solista es encontrar vocabulario de una sola línea que se pueda basar alrededor de cada forma.

Los tres ejemplos siguientes muestran una línea para cada inversión de acorde, pero se puede utilizar fácilmente cualquier línea de la *Primera parte* de este libro.

Ejemplo 9m:

Ejemplo 9n:

Ejemplo 9o:

Estos fragmentos pueden, por supuesto, ser utilizados para tocar cualquier acorde y nos permiten movernos entre inversiones sonorizadas estrechamente de cualquier acorde en una secuencia de blues.

Aquí están los mismos voicings de tres notas de los acordes de la A7 y B7. He mostrado las fundamentales como cuadrados huecos como referencia, pero no se tocan.

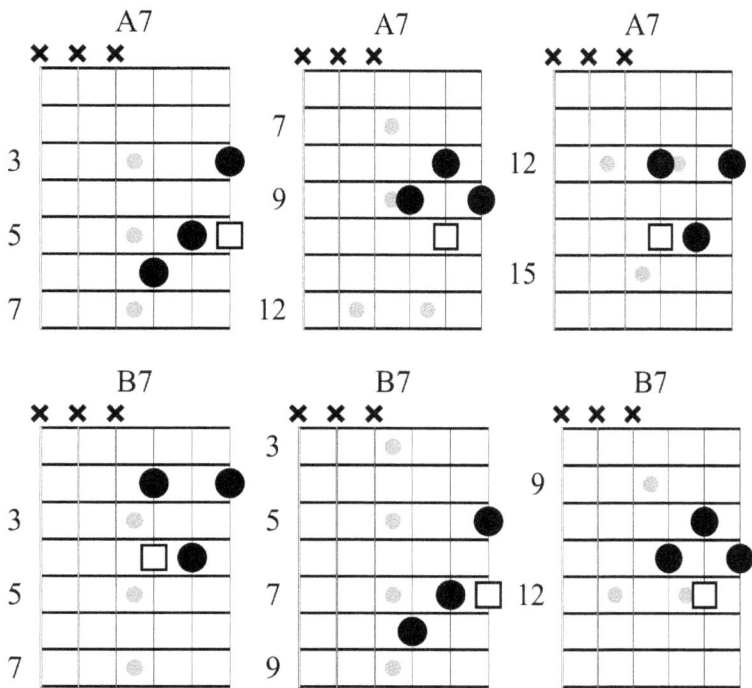

El siguiente ejemplo muestra algunas ideas para vincular estos fragmentos en conjunto sobre una progresión de blues alrededor del séptimo traste. Intenta transferir estas ideas a las demás posiciones en el diapasón y también encontrar tus propias formas de vincularlas.

Ejemplo 9p:

Otra manera de tocar en la parte alta del diapasón es utilizar fragmentos de dos cuerdas más pequeños. Estas notas normalmente provienen de una escala pentatónica menor. Si estás tocando en E, entonces los fragmentos proceden de E pentatónica menor. El siguiente lick demuestra las posiciones y enfoques más comunes para el uso de fragmentos pentatónicos menores combinados con un acorde de E abierto.

Ejemplo 9q:

Otra forma de utilizar estos fragmentos es como rellenos cortos entre riffs de acordes abiertos. Esto se muestra en el siguiente ejemplo.

Ejemplo 9r:

Experimenta tanto como sea posible y escucha blues fingerstyle. Oirás ideas similares a estas todo el tiempo.

Una de las características más distintivas de un blues es la sección del *turnaround* de la canción. Esto ocurre en los últimos compases o pulsos de la forma de blues y trae la canción de nuevo al principio. Nos ocuparemos de los turnarounds y los finales en el siguiente capítulo.

Capítulo 10: Turnarounds, finales y líneas de bajo

Los turnarounds normalmente se llevan a cabo en los últimos dos compases de un blues y sirven para proporcionar un *gancho* pegadizo al final de la forma de la canción. Ellos ayudan al oyente a saber cuándo la melodía está a punto de comenzar de nuevo (o de terminar), y actúan como un punto de referencia entre los versos.

La mejor manera de tener una idea de los turnarounds es simplemente aprendiendo algunos. Hay algunas fórmulas básicas comunes para su estructura y una vez que hayas memorizado unas pocas será fácil improvisar con ellas, y muy divertido para tocar.

Cualquier turnaround también puede convertirse en un *final* simplemente alterando los últimos pulsos, como se verá más adelante. Empieza por aprender los siguientes ejemplos.

Ejemplo 10a:

El ejemplo 10b es uno de los turnarounds más comúnmente tocados. ¡Lo escucharás todo el tiempo!

Ejemplo 10b:

El siguiente turnaround utiliza un mecanismo llamado movimiento contrario. El bajo asciende y la melodía desciende. Este ejemplo es engañosamente complicado, así que tómate tu tiempo y aprende cada cambio de posición como una sola unidad antes de vincularlos en conjunto.

Ejemplo 10c:

Ejemplo 10d:

El siguiente lick es una línea común que desciende por debajo un tono de pedal de E alta.

Ejemplo 10e:

Esta línea implica movimiento contrario en las dos cuerdas altas. Las dobles cuerdas se pueden tocar juntas o arpegiadas.

Ejemplo 10f:

El siguiente ejemplo es bastante difícil. Asegúrate de que puedes digitar cómodamente el acorde en el pulso dos antes de aprender la línea.

Ejemplo 10g:

Como he mencionado anteriormente, cualquier turnaround puede ser transformado en un final con bastante facilidad. Todo lo que necesitas hacer es apuntarle a un acorde de E en el compás final en lugar de un B7. La primera idea se resuelve en un acorde de E7 de un semitono abajo.

Ejemplo 10h:

¿Puedes escuchar cómo este lick ahora tiene una calidad muy de "final"? Esta se puede acentuar reduciendo la velocidad a lo largo de la frase hasta que llegues al final.

La siguiente idea convierte el turnaround del ejemplo 10d en un final al acercarse a un acorde E9 de un semitono por encima (F9).

Ejemplo 10i:

Para ayudarte a aprender a sentir cuándo se debe tocar el turnaround, aprende este estudio de blues de doce compases completo al estilo de Big Bill Broonzy y prueba con diferentes turnarounds en los últimos dos compases.

Ejemplo 10j:

Líneas de bajo con acordes

Una técnica que se oye en los blues fingerstyle más avanzados es la combinación de una línea de bajo arpegiada con acordes con *golpe de staccato* sincopados. Estas ideas pueden sonar un poco *"Boogie Woogie"*, pero se tocan con bastante regularidad en el blues.

Comienza por aprender la siguiente línea de bajo y asegúrate de tener bastante confianza con ella antes de seguir adelante.

Ejemplo 10k:

La siguiente etapa es dominar el ritmo de los acordes con golpe de staccato sincopados. Te recomiendo hacer esto con sólo una cuerda E abierta en el bajo, para empezar.

Ejemplo 10l:

Ahora añade la línea de bajo para los dos primeros compases.

Ejemplo 10m:

Ahora trata de trabajar lentamente a través de toda la forma y combina estas ideas.

Ejemplo 10n:

En la sección final del turnaround de dos compases, asegúrate de tocar cada nota de bajo individual con el dedo que vas a utilizar para tocar la nota más baja del acorde siguiente. Por ejemplo, usa tu segundo dedo para tocar las notas graves D y C# (5 y 4) en el penúltimo compás.

Si quieres ser *realmente* intrépido, puedes empezar a añadir el lick solista diferente mientras tocas la línea de bajo y los golpes de staccato. Esta técnica normalmente requiere una gran cantidad de planificación avanzada debido a algunas digitaciones incómodas. Comienza agregando sólo una nota de la melodía, como se muestra en el siguiente ejemplo.

Ejemplo 10n:

Cuando este tipo de idea tenga sentido en tus dedos, poco a poco trata de añadir algunas notas más al solo.

Ejemplo 10o:

A medida que ganes confianza, comienza a agregar frases de solos cortas a cada acorde, asegurándote de que la línea de bajo sea sólida y esté dentro del tiempo. A estas alturas ya deberías estar teniendo una idea de cómo crear tus propios licks de blues con la escala pentatónica, pero siéntete libre de tomar prestadas las ideas de la *Primera parte* para que puedas empezar.

Por encima de todo, utiliza tu oído y copia las ideas de tus guitarristas de fingerstyle favoritos.

Ejercicios musicales

Este libro ha cubierto una gran cantidad de material, y espero que te de muchas horas de estudio felices. He tratado de abarcar el mayor número de rudimentos, técnicas y enfoques como fuera posible manteniendo el enfoque en el vocabulario. Al decodificar el estilo, el objetivo es que seas capaz de recrear lo que escuchas en las grabaciones y escribir o improvisar tu propia música blues acústica en fingerstyle.

Los siguientes dos estudios vinculan muchas de estas características, y formarán la base de tus propias canciones. ¡Ve lento y diviértete!

Ejemplo 11a:

Este siguiente estudio está en la tonalidad de A y utiliza una nota de bajo estática todo el tiempo.

Ejemplo 11b:

Sonidos esenciales

La siguiente lista de títulos está lejos de ser exhaustiva, pero representa un buen corte transversal de la música que deberías tener. Debido a la naturaleza de los derechos de autor de estas grabaciones, hay muchos álbumes con "lo mejor de" de gran calidad y seguro habrá uno de tu músico favorito. También hay muchas grabaciones editadas como "Sesiones de la Biblioteca del Congreso", que se grabaron para preservar las raíces musicales.

Roy Book Binder - Don't Start Me Talkin'....

Mississippi John Hurt - D.C. Blues Vol.1 & 2

Rev. Gary Davis – The Guitar and Banjo of...

John Mooney - Dealing With the Devil

John Hammond - Live

Blind Boy Fuller - East Coast Piedmont Style

Pink Anderson - Vol. 2 Medicine Show Man

Big Bill Broonzy - Warm, Witty & Wise

Son House - The Real Delta Blues

Charley Patton - The Essential Collection

Blind Lemon Jefferson - The Complete Recordings / Best Of

Robert Johnson - The Complete Recordings

Blind Willie McTell - The Early Years / The Legendary Library of Congress Recordings

Blind Blake - All the Published Sides

Mississippi Fred McDowell - My Home is in the Delta

Elisabeth Cotton - Live!

Blind Willie Johnson - The Essential Blind Willie Johnson

Lightnin Hopkins - Double Blues

Hay literalmente cientos de primeros discos de blues que se han compilado o remasterizado. YouTube también es una gran fuente de inspiración, ya que muchas personas han preparado largas listas de reproducción que puedes escuchar. Si una idea musical salta a la vista, entonces róbatela y hazla propia. Luego tú también podrás formar parte de la larga genealogía del blues.

Disfruta el viaje.

Joseph

Sé social

Twitter: @guitar_joseph

FB: FundamentalChangesInGuitar

Instagram: FundamentalChanges

Para ver más de 250 lecciones de guitarra gratuitas con videos visita

www.fundamental-changes.com

Otros libros de Fundamental Changes

Guía completa para tocar guitarra blues - Libro 1: Guitarra rítmica

Guía completa para tocar guitarra blues - Libro 2: Fraseo melódico

Guía completa para tocar guitarra blues - Libro 3: Más allá de las pentatónicas

Guía completa para tocar guitarra blues - Compilación

El sistema CAGED y 100 licks para guitarra blues

Cambios fundamentales en guitarra jazz: ii V I mayor

Dominio del ii V menor para guitarra jazz

Solos de jazz blues para guitarra

Escalas de guitarra en contexto

Acordes de guitarra en contexto - Parte 1

Dominio de los acordes en guitarra jazz (Acordes de guitarra en contexto - Parte 2)

Técnica completa para guitarra moderna

Dominio de la guitarra funk

Teoría, técnica y escalas - Compilación completa para guitarra

Dominio de la lectura a primera vista para guitarra

El sistema CAGED y 100 licks para guitarra rock

Guía práctica de la teoría musical moderna para guitarristas

Lecciones de guitarra para principiantes: Guía esencial

Solos en tonos de acorde para guitarra jazz

Guitarra rítmica en el heavy metal

Guitarra líder en el heavy metal

Solos pentatónicos exóticos para guitarra

Continuidad armónica en guitarra jazz

Solos en jazz - Compilación completa

Compilación de acordes para guitarra jazz

Fingerstyle en la guitarra blues

Solos en rock melódico para guitarra

Pop y rock para ukulele: Rasgueo

www.ingramcontent.com/pod-product-compliance
Lightning Source LLC
Chambersburg PA
CBHW052331100426

42737CB00055B/3325